INNOVATION MANAGEMENT

혁신경영

신제품 개발과
통합적 기술관리

박 주 홍

박영사

머리말

일반적으로 혁신은 현재보다는 미래에 중점을 두고 추구되는 경향이 있다. 혁신의 어원을 살펴보면 혁신이 미래에 중점을 두고 있다는 것이 분명해진다. 혁신의 어원은 라틴어의 'innovatio'인데, 이 단어는 '새롭게 하는 것, 어떤 새로운 것의 창조 및 변화' 등을 의미한다. 즉, 어떤 것이 새롭게 되고 변화된다는 것은 현재보다는 미래와 관련되어 있다.

혁신경영과 관련된 여러 가지 개념들이 학자에 따라 다양하지만, 한 가지 공통적인 견해는 혁신경영을 통하여 혁신이 목표 지향적, 성장 지향적 및 미래 지향적으로 이루어지며, 문제점들이 신속하고 효율적으로 해결된다는 것이다. 혁신경영이 성공적으로 수행되기 위해서는 기업에 있어서 모든 기능적인 측면들이 고려되어야 하고, 아울러 혁신을 방해하는 요소들이 제거되어야 한다.

혁신경영의 목표는 필요한 지원을 통하여 개별적 혁신을 성공시키는 원천이 되는 기업의 혁신잠재성을 향상시키고, 경쟁자보다 뛰어난 혁신능력을 갖도록 하는 것이다. 혁신경영을 정의하기 위해서는 경영의 전략적 측면과 운영적 측면이 동시에 고려되어야 한다. 본서에서는 혁신경영을 '미래 지향적이고, 목표 지향적인 쇄신전략에 대한 계획, 실행 및 통제'로 이해하고자 한다.

본서는 총 4부 12장으로 구성되어 있다. 제1부에서는 혁신경영에 대한 개념적 기초를 살펴본다. 제2부에서는 혁신경영에 대한 통합적 이해를 다룬다. 제3부에서는 신제품 개발과 신제품 마케팅에 대하여 체계적으로 검토한다. 마지막으로, 제4부에서는 기술혁신과 통합적 기술관리에 대하여 논의하기로 한다.

저술연구의 일환으로 집필된 본서는 인용한 참고문헌에 대한 출처를 제시한 각주(footnote)와 자료원(source)을 명확하게 표기하였다. 저자가 이미 발표한 논문 및 저서의 내용을 바탕으로 직접적으로 인용한 경우에는 해당부분을 재인용 또는 수정 재인용으로 표기하였다. 본서에서 제시한 다양하고 광범위한 참고문헌은 혁신경영 분야의 연구에 관심을 가진 연구자 또는 독자들이 원전(原典)을 파악하는 데 있어서 많은 도움을 줄 것으로 보인다.

본서의 출판을 위해 많은 관심과 후원을 아끼지 않으신 박영사 안종만 사장님과 장규식 과장님, 그리고 원고정리를 위해 수고해주신 편집부 전채린 과장님께도 감사를 드린다. 또한 본서가 집필되는 동안 많은 시간을 빼앗겨야만 했던 사랑하는 가족들에게 마음으로부터의 고마움을 전한다.

2020년 2월
궁산 기슭 연구실에서
저 자

◆ 강의(교수용) 파워포인트자료는 juhong@kmu.ac.kr로 문의바람 ◆

차   례

PART 2 혁신경영에 대한 통합적 이해

PART 3 신제품 개발과 신제품 마케팅

PART 4 기술혁신과 통합적 기술관리

CHAPTER 11 기술투자와 기술가치 평가 ································· 259

그림차례

표 차 례

PART

01

혁신경영에 대한 개념적 기초

제1부에서는 혁신경영에 대한 개념적 기초가 구체적으로 논의된다. 제1장은 혁신과 혁신경영의 개념적 기초에 대하여 통합적으로 논의한다. 제2장은 연구개발의 개념적 기초에 대하여 상세하게 설명한다. 아울러, 제3장은 기술경영의 개념적 기초에 대하여 체계적으로 검토한다.

혁신과 혁신경영의
개념적 기초

CHAPTER 01

CHAPTER 01

혁신과 혁신경영의 개념적 기초

1.1 혁신의 의의와 종류

1.1.1 혁신의 의의

일반적으로 혁신(innovation)은 현재보다는 미래에 중점을 두고 추구되는 경향이 있다. 혁신의 어원을 살펴보면 혁신이 미래에 중점을 두고 있다는 것이 분명해진다. 혁신의 어원은 라틴어의 'innovatio'인데, 이 단어는 '새롭게 하는 것, 어떤 새로운 것의 창조 및 변화' 등을 의미한다.[1] 즉, 어떤 것이 새롭게 되고 변화된다는 것은 현재보다는 미래와 관련되어 있다. 혁신에 대

---

1 Perlitz/Löbler(1985), p. 425; Perlitz/Löbler(1989), p. 2; Olschowy(1990), p. 11.

한 다양한 정의가 있지만 주요 정의를 제시하면 다음과 같다.

- 어떤 새로운 문제해결 또는 기회제공과 관련된 아이디어를 활용할 수 있도록 해 주는 과정[2]
- 새로운 아이디어가 전략혁신, 사회적 혁신, 제품혁신 및 공정혁신 등의 형태로 실천 또는 실행되는 것[3]

특히, 다음과 같은 경영환경의 변화는 기업으로 하여금 혁신을 수행하도록 하는 주요 동기로 작용할 수 있다.[4]

- 글로벌화의 영향 : 글로벌화는 수송, 정보통신 및 커뮤니케이션 등과 관련된 기술적 발전을 통하여 더욱 촉진되고 있다. 과거에는 국내시장 또는 인접국가 시장이 기업의 주요 시장이었지만, 글로벌화로 인하여 시장은 전 세계적으로 확산되고 있다. 그러므로 기업이 글로벌 고객(global customer)의 다양한 욕구를 효율적으로 충족시키기 위해서는 혁신(예를 들면, 글로벌 고객을 위한 신제품 개발)을 수행할 필요가 있다.
- 제품수명주기 또는 혁신수명주기의 단축 : 과거에 비해 제품수명주기 또는 혁신수명주기가 점점 단축되고 있다. 특히, 첨단산업의 경우에 있어서 빠른 기술의 변화는 기업으로 하여금 이러한 변화에 신속하게 대응할 수 있도록 하는 혁신을 추구하게 한다.

---

2 Kanter(1984), p. 52.
3 Lorenz(1985), p. 138; Perlitz/Löbler(1985), p. 425; Brockhoff(1987), p. 55; Perlitz/Löbler(1989), p. 2; 박주홍(2016), p. 67.
4 Vahs/Burmester(2005), p. 9 이하.

- **지식관련 경쟁** : 기업의 보유한 지식(예를 들면, 특허, 노하우 등)이 기업의 경쟁력에 결정적인 영향을 미칠 수 있다. 이러한 지식의 창출은 혁신에 기초하여 이루어진다.
- **시간관련 경쟁** : 기업 간의 경쟁에 있어서 어떤 기업이 먼저 혁신을 수행하는가에 따라 경쟁상황이 달라질 수 있다. 예를 들면, 어떤 신제품을 먼저 개발하여 시장에 도입한 기업은 그렇게 하지 못한 기업보다 경쟁우위에 서게 될 가능성이 높다. 일반적으로 시간관련 경쟁은 혁신의 도입시기와 관련되어 있다.

혁신과 관련된 용어 중에서 모방(imitation)은 혁신에 해당될 수 있지만, 발명(invention)은 혁신과 직접적으로 관련되어 있지 않다. 혁신수행의 관점에서 볼 때, 모방과 발명의 의의는 다음과 같이 요약될 수 있다.[5]

- **모방** : 기업이 혁신을 수행하기 위하여 기업 외부(예를 들면, 다른 기업)로부터 기술, 특허 및 노하우 등을 도입하여 신제품을 개발하여 출시한다면, 이것은 혁신에 해당된다. 그러나 어떤 기업이 다른 기업의 기술, 특허 및 노하우 등을 도용하여 혁신을 수행하는 경우, 지적 재산권과 관련된 법률에 의하여 처벌을 받을 수 있다.
- **발명** : 이것은 연구개발의 결과로 창출되는 새로운 지식 또는 기술을 의미한다. 예를 들면, 어떤 기업이 개발한 신기술이 특허로 등록되었을지라도 경제적으로 그 가치가 실현되지 않는다면 이것은 혁신과 직접적으로 관련이 없다. 하지만 이러한 신기술이 다른 기업에 판매

---

5 박주홍(2016), p. 69.

되어 수수료를 창출하거나, 제품생산에 투입되어 활용된다면 혁신이 수행되었다고 볼 수 있다.

1.1.2 혁신의 종류

혁신수행의 과정에 따라 혁신은 급진적 혁신과 점진적 혁신으로 분류할 수 있다. 또한 혁신수행의 대상에 따라 혁신은 전략혁신, 사회적 혁신, 제품혁신 및 공정혁신으로 구분할 수 있다.

혁신수행의 과정에 따른 분류: 급진적 혁신과 점진적 혁신[6]

혁신의 본질적인 특징은 혁신의 새로운 정도에 의해 나타난다.[7] 더욱이 지속적인 연구개발활동을 통하여 나타나는 '비일상성'은 혁신의 본질적인 특징으로 간주된다.[8] 혁신은 급진적 혁신(radical innovation)과 점진적 혁신(gradual innovation)으로 구분되는데, 여기에서 이러한 구분의 기준은 혁신수행의 과정에 있어서 급진적 또는 점진적 혁신정도라고 볼 수 있다. 〈그림 1-1〉은 급진적 혁신과 점진적 혁신의 차이점을 보여준다.

---

6 박주홍(2016), p. 70 이하 수정 재인용.
7 Macharzina(1993), p. 563.
8 전게서.

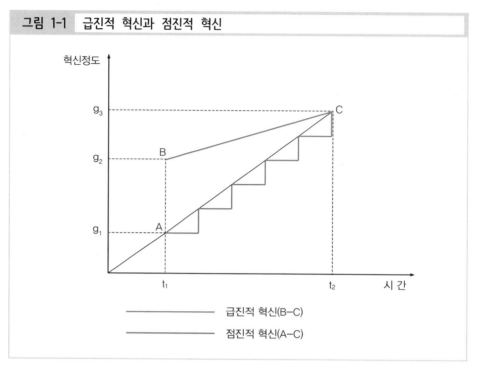

그림 1-1 급진적 혁신과 점진적 혁신

자료원: Park(1996), p. 8.

〈그림 1-1〉은 급진적 혁신과 점진적 혁신의 전형적인 차이점을 보여주고 있는데, 여기에서 B-C 사이의 선은 급진적 혁신을, A-C 사이의 선은 점진적 혁신을 나타낸다. 먼저 출발시점 t_1에서 점진적 혁신(A점)의 새로운 정도는 g_1로 가정하고, 급진적 혁신(B점)의 새로운 정도는 g_2로 가정하면, 급진적 혁신과 점진적 혁신의 새로운 정도의 차이는 $g_2 - g_1$ 이다. 또한 혁신의 달성시점 t_2에서 급진적 혁신과 점진적 혁신의 새로운 정도를 g_3으로 동일하다고 가정한다.

그러나 실제에 있어서 급진적 혁신과 점진적 혁신이 반드시 이 그림처럼 된다는 보장은 없다. 다만, 이 그림에서 급진적 혁신과 점진적 혁신을 설명하기 위해 이렇게 가정하였을 뿐이다. 이 그림은 수많은 작은 혁신(그림에서 계단으로 표시된 부분을 말하며, 단계적 개선이 중요함)들이 점진적 혁신에 이바지하는 것을 보여줄 뿐만 아니라, 급진적 혁신이 단번에 이루어지는 것도 보여준다.

혁신수행의 대상에 따른 분류[9]

혁신수행의 대상에 따라 혁신은 전략혁신, 사회적 혁신, 제품혁신 및 공정혁신으로 분류할 수 있다. 본서에서는 이러한 네 가지 종류의 혁신을 '4대 혁신'으로 정의하고자 한다.

(1) 전략혁신

전략혁신(strategic innovation)은 어떤 기업이 속한 산업의 새로운 전략수립 및 그 기업 자체의 새로운 전략수립 등을 포함한다. 예를 들면, 적시관리(just-in-time), 품질선도, 비용(원가)선도, 개선(kaizen), 린 생산(lean production) 또는 린 경영(lean management) 등과 같은 용어들은 경영자들에게 '경쟁전략의 개발을 위한 어떤 경로'로 인식되고 있다.[10] 어떤 전략혁신과 관련된 전략적 경쟁우위는 어떤 기업을 최고의 기업으로 만들며, 위기상황에서 보다 나은 생존기회를 보장하고, 경쟁자에 대항하여 차별화할 수 있는 새로운 결정적인 성공요인들을 창출한다.[11]

---

9 박주홍(2016), p. 74 이하 수정 재인용.
10 Perlitz(1993), p. 114 이하; Perlitz(2004), p. 243.
11 Perlitz(2004), p. 243 이하.

전략적 경영의 관점에서 볼 때, 전략혁신은 기업으로 하여금 환경변화와 기업상황에 효과적으로 대응하기 위한 성공적인 전략을 개발하도록 하는 데 기여한다. 그러므로 전략혁신은 오늘날 사회적 혁신, 제품혁신 및 공정혁신 등과 마찬가지로 기업이 경쟁에 효과적으로 대응하기 위한 중요한 수단으로 인식되고 있다.[12]

품질선도자전략, 비용(원가)선도자전략 및 시장선도자전략은 전략혁신의 관점에서 볼 때 전략상 중복적인 경향이 있을 수 있다. 즉, 각각의 전략은 완전독립적일 수 없으며, 어느 정도의 상호작용의 가능성이 존재한다. 예를 들면, 품질선도자전략과 비용(원가)선도자전략은 어떤 기업이 시장선도자의 지위를 확보할 수 있도록 하는 데 긍정적으로 작용할 수 있다. 그러므로 기업의 경쟁력 강화를 위한 전략혁신의 주요 방향은 어떤 기업이 구체적으로 전략수립을 할 때 그 의미를 갖는다. 아울러, 제품의 품질, 비용(원가) 및 시장점유율 중에서 어느 변수에 전략의 중점을 둘 것인가는 일반적으로 그 기업의 상황과 최고경영층의 의사결정에 달려있다. 그러나 이러한 세 가지 전략혁신의 주요 방향은 기업에서 동시에 추구될 수 있으므로 통합의 가능성이 존재한다.

4대 혁신 중에서 전략혁신이 다른 혁신보다 더욱 중요한 의미를 갖고 있다. 즉, 전략혁신이 어떻게 진행되는가에 따라 다른 세 가지 혁신의 방향이 결정될 수 있기 때문이다. 그러므로 전략혁신은 사회적 혁신, 제품혁신 및 공정혁신의 상위영역에 속한다고 할 수 있다.

---

12 전게서, p. 291.

(2) 사회적 혁신

사회적 혁신(social innovation)은 기업의 조직과 인적 자원영역에서의 변화 또는 변경, 종업원의 능력개발 및 인적 상호관계의 개선 등과 관련되어 있다.[13] 이러한 사회적 혁신을 통하여 종업원의 업무능력과 업무준비성이 증대된다. 특히, 사회적 혁신을 통하여 기업에 있어서 인사부문에 영향을 미치는 변화가 추구된다.

사회적 혁신의 주요 관련영역으로는 혁신을 위한 조직구조, 연구개발의 글로벌화와 조직구조 및 조직혁신, 혁신조직에서의 조정 및 동기부여 등을 들 수 있다.

- 조직구조의 혁신 : 이에 대한 대표적인 예로는 조직구성원의 증감(인력채용 또는 인력감축)을 통한 새로운 조직구조의 확립을 들 수 있다. 특히, 연구개발부문과 관련된 조직혁신은 기능적 조직, 제품 지향적 조직, 프로젝트 지향적 조직, 매트릭스조직 및 연구형태(기초연구, 응용연구 및 개발 등)에 따른 조직 등을 채택함으로써 이루어질 수 있다. 또한 기업의 목표, 관련된 혁신목표, 기업 전체의 조직구조 또는 특성 등에 따라 기업의 조직혁신이 달라질 수 있다.[14]
- 연구개발의 글로벌화와 조직구조 및 조직혁신 : 연구개발의 글로벌화의 관점에서 볼 때, 조직구조와 조직관리는 사회적 혁신의 주요 문제영역에 속한다. 특히, 본사 중심적, 현지 중심적, 지역 중심적 및 글로벌 중심적 조직구조 등은 연구개발의 글로벌화와 관련된 혁신조직의 선택에

---

13 Thom(1983), p. 6; Hesse(1990), p. 56; Macharzina(1993), p. 564.
14 Park(1996), p. 73 이하.

있어서 주요 대안이 될 수 있다. 아울러 본사통제, 현지자치 및 유연
적 통합 등은 연구개발의 글로벌화와 관련된 조직관리를 위한 주요
대안에 속한다.

- 조직에서의 조정을 통한 개선 : 이것은 조직에 있어서의 조정문제(중앙집
  권적 또는 분권적)와 관련이 있으며, 여기에서 조정은 '상위의 기업 전체
  의 목표에 대하여 개별 업무시스템에 개별활동을 설정하는 것'을 의미
  한다.[15] 또한 조정은 인적 명령, 표준규칙 또는 프로그램, 계획, 연구
  자의 독자결정, 상호결정 및 기업문화 등에 의하여 이루어질 수 있
  다.[16] 혁신과 관련된 기능영역 간의 조정은 프로젝트의 공동참여, 회
  의개최 및 비공식적 정보교환 등을 통하여 이루어진다.

- 사회적 혁신에 있어서 동기부여 : 이것은 기존의 동기부여방법을 개선하
  거나 새로운 동기부여방법을 도입하는 것이다. 조직에 있어서 혁신적
  이고 유능한 종업원을 동기부여 시키기 위한 다양한 동기부여방법이
  있는데, 예를 들면, 물질적 동기부여(임금인상 및 각종 수당의 지급 등) 및
  비물질적 동기부여(승진, 칭찬 및 인정 등의 사회적 지위관련 동기부여; 교육,
  세미나 및 박람회 참여 등의 인적 발전관련 동기부여; 고객방문을 통한 고객관련
  동기부여 등이 있음) 등이 있다.[17] 이러한 방법을 통하여 종업원의 혁신
  에 대한 준비성이 증대되고, 혁신과 관련된 새로운 아이디어들이 창출
  되어야 한다.[18]

---

15 Frese(1984), p. 200.
16 Kieser/Kubicek(1992), p. 103 이하; Schertler(1993), p. 52 이하.
17 Staudt et al.(1990), p. 1187 이하.
18 Herzhoff(1991), p. 334.

(3) 제품혁신

제품혁신(product innovation)은 신제품의 창출 또는 기존 제품의 개선을 의미하며, 또한 제품의 개념에 서비스를 포함시킬 수 있다.[19] 제품혁신의 가장 중요한 목표는 신제품을 개발하여 기존 시장 또는 신시장에서 시장성장 및 시장점유율 증대 등을 통하여 기업의 제품경쟁력을 강화하는 것이다. 이러한 제품혁신의 목표는 국내시장과 글로벌 시장에서 동일하게 추구될 수 있으며, 이러한 목표의 추구는 무엇보다도 기업의 끊임없는 연구개발활동을 전제로 한다.

기업의 글로벌화가 과거 어느 시점보다도 빠르고 광범위하게 진행되고 있는 현시점에 있어서 제품혁신을 위한 연구개발활동의 글로벌화가 중요한 문제로 대두되고 있다. 제품혁신(신제품 개발)에 있어서 기능영역 간의 협력은 마케팅, 연구개발 및 생산 등의 세 부문 간에 주로 이루어지고 있기 때문에 제품혁신을 위한 연구개발의 글로벌화는 이러한 세 부문 간의 협력의 바탕 위에 이루어지는 것이 바람직하다.[20] 예를 들면, 마케팅부문은 국제적인 시장조사를 통하여 연구개발부문에 소비자 및 고객의 요구에 대한 정보를 제공하여야 하며, 이를 기초로 연구개발부문은 신제품을 개발하여야 한다. 그리고 개발된 신제품은 생산부문에서 제조가 이루어지는데, 이 경우 원가절감 및 품질향상이 중요한 과제가 된다.

---

19 Perlitz/Löbler(1985), p. 425.
20 Park(1996), p. 144 이하.

(4) 공정혁신

공정혁신(process innovation)은 새로운 생산방식의 창출 또는 개선을 의미한다.[21] 이것은 또한 제품혁신의 성공을 위해서 결정적인 역할을 한다.[22] 공정혁신은 생산기술과 관련된 생산공정뿐만 아니라, 조직, 계획, 자금조달, 자원조달 및 유통 등과 같은 기능영역에서의 경영적 성과의 창출과정 및 요소결합의 새로운 방식 등도 포괄할 수 있다.[23] 특히, 후자의 경우 공정혁신을 넓은 의미로 해석하여 과정혁신(예를 들면, 서비스 산업의 업무과정과 관련된 혁신)이라고 한다.

생산관점에서의 공정혁신의 목표는 생산공정에서의 성과와 품질향상, 원가절감 및 생산시간의 단축 등이다. 아울러, 생산 이외의 다른 기능영역의 관점에서의 과정혁신의 목표는 경영적 성과창출 과정에서의 효율의 극대화 및 비용절감 등이다.

1.2 혁신을 통한 위기극복과 경쟁력 강화

1.2.1 혁신을 통한 위기극복[24]

혁신은 기업이 위기상황(crisis situation)에 처해 있을 때 추구될 수도 있고, 기업이 기회상황(opportunity situation)에 있을 때 추구될 수도 있다. 〈그림

---

21 Perlitz/Löbler(1985), p. 425.
22 Pisano/Wheelwright(1995), p. 94.
23 Trommsdorff/Brodde/Schneider(1987), p. 7.
24 박주홍(2016), p. 81 이하 수정 재인용.

1－2)는 혁신을 통한 위기극복의 과정을 보여줄 뿐만 아니라, 또한 혁신의 중요성도 강조하고 있다. 이 그림을 통하여 의사결정자는 위기상황과 기회 상황에 따라 논리적으로 혁신을 추구할 수 있는 근거를 확보할 수 있다. 어 떤 기업이 위기상황과 기회상황을 막론하고 혁신을 지속적으로 추구한다면, 그 기업은 혁신을 지속적으로 추구하지 않거나 회피하는 기업에 비해 더욱 강력한 경쟁우위를 확보할 수 있다.

〈그림 1－2〉에 나타나 있는 바와 같이, 위기상황에서 기업은 다음과 같 은 세 가지 상황에 직면하게 된다. 즉, 이러한 세 가지 상황은 위험감수가 요구되는 혁신을 추구하지 않아서 기업이 도산하는 경우, 국내에서의 위기 상황을 회피하기 위해 해외로 진출하는 경우(기회상황이 존재하는 외국으로의 투자를 의미함) 및 위험감수가 요구되는 혁신추구를 하는 경우(불확실한 대안선택) 등이다.

이러한 세 가지 상황 중에서 위험감수를 통한 혁신추구에서 성공한 기업 은 위기를 극복하여 기회상황을 맞게 된다. 그러나 기회상황에서 위험회피 (확실한 대안선택), 즉 혁신회피를 한다면 구조문제가 발생하고 또다시 위기상 황에 처하게 된다. 그러므로 지속적인 혁신을 추구하지 않는 기업은 변화되 는 환경과 새로운 기업상황에 효과적으로 대처하지 못하여 경쟁력 약화에 직면하게 될 것이다.

그림 1-2   혁신을 통한 위기극복의 과정

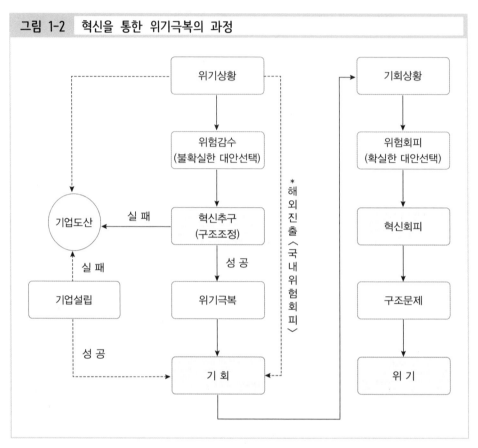

* : 기회상황이 존재하는 외국으로의 투자를 의미함.
자료원 : Perlitz/Löbler(1985), p. 444 ; Perlitz(1985), p. 101 ; 저자에 의해 일부 수정됨.

1.2.2 혁신을 통한 경쟁력 강화[25]

경영활동을 통하여 어떤 기업이 경쟁력을 높이기 위해서는 무엇보다도 그 기업은 생산하는 제품이나 서비스에 대한 품질향상, 비용(원가)절감 및 시장점유율 증대 등을 추구해야만 한다. 기업의 경쟁력 강화의 관점에서 볼 때, 4대 혁신은 경쟁력 강화를 위한 필수조건이다. 〈그림 1-3〉은 혁신을 통한 경쟁력 강화의 개념도를 제시한다. 아울러, 이 그림은 기업의 4대 혁신이 기업의 경쟁력 강화에 영향을 미친다는 것을 화살표로 보여준다.

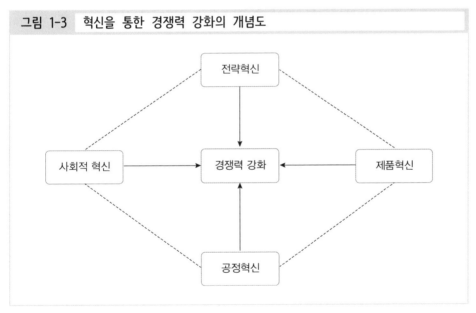

그림 1-3 혁신을 통한 경쟁력 강화의 개념도

자료원 : 박주홍(1998), p. 92.

---

25 박주홍(3016), p. 83 수정 재인용.

1.3 혁신경영의 의의와 과정

1.3.1 혁신경영의 의의[26]

혁신경영(innovation management)과 관련된 여러 가지 개념들이 학자에 따라 다양하지만, 한 가지 공통적인 견해는 혁신경영을 통하여 혁신이 목표 지향적, 성장 지향적 및 미래 지향적으로 이루어지며, 문제점들이 신속하고 효율적으로 해결된다는 것이다.[27] 혁신경영이 성공적으로 수행되기 위해서는 기업에 있어서 모든 기능적인 측면들이 고려되어야 하고, 아울러 혁신을 방해하는 요소들이 제거되어야 한다.[28]

혁신경영의 주요 과제를 제시하면 다음과 같다.[29]

- 혁신과정에 있어서 잠재된 기회의 인식과 위험의 감소
- 환경변화에 대한 신속한 적응(기업의 구체적인 관심사항과 강점이 고려되어야 함)
- 혁신과정에 있어서 시장, 기술 및 기업과 관련된 모든 영향요인의 분석
- 구체적 혁신경과에 대한 계획, 실행 및 통제

---

26 박주홍(2016), p. 72 이하 수정 재인용.
27 Allesch/Poppenheger(1986), p. 15; Specht(1986), p. 609 이하; Zahn(1986), p. 18 이하; Allesch/Klasmann(1989), p. 5 이하; Häfelfinger(1990), p. 32; Strebel(1990), p. 171; Vrakking (1990), p. 97 이하; Macharzina(1993), p. 570 이하.
28 Nieder/Zimmermann(1992), p. 385.
29 Allesch/Poppenheger(1986), p. 14; Macharzina(1993), p. 572.

또한 혁신경영은 혁신을 위하여 개별적 기능영역에 있어서 가능한 한 보다 유리한 환경조건들을 만들고, 각 기능영역 간의 공동협력을 촉진시키려는 최고경영층의 시도이다.[30] 혁신경영의 목표는 필요한 지원을 통하여 개별적 혁신을 성공시키는 원천이 되는 기업의 혁신잠재성을 향상시키고, 경쟁자보다 뛰어난 혁신능력을 갖도록 하는 것이다. 혁신경영을 정의하기 위해서는 경영의 전략적 측면과 운영적 측면이 동시에 고려되어야 한다.[31] 본서에서는 혁신경영을 '미래 지향적이고, 목표 지향적인 쇄신전략에 대한 계획, 실행 및 통제'로 이해하고자 한다.[32]

여러 문헌에서는 '연구개발', '기술경영' 및 '혁신경영' 등이 종종 동의어로 사용되고 있지만,[33] 본서에서는 이들 용어를 명확하게 구분하고자 한다. 연구개발(research and development, R&D)은 기초연구, 응용연구, 기초개발 및 개발(신제품 및 신공정 개발)과 관련되어 있다.[34] 기술경영(technology management)은 응용연구와 기초개발에 국한되어 있다. 여기에서 응용연구는 실제의 문제점에 대한 해결가능성을 제시하며, 기초개발은 응용연구에 기초한 개발원칙의 확립, 제조가능성의 검토 및 제품개념의 설정 등을 포함한다.[35]

혁신경영은 기업에 있어서 가치창출과정과 관련된 지원부문(인사, 조직, 회계 및 재무 등)과 핵심부문(생산, 마케팅)을 모두 포괄하는 활동과 관련되어 있다.[36] 〈그림 1-4〉는 혁신경영의 범위를 제시한다. 이 그림에 의하면 혁신

---

30 Macharzina(1993), p. 572.
31 Allesch/Klasmann(1989), p. 5; Trommsdorff/Schneider(1990), p. 5.
32 Behrens(1983), p. 47; Zahn(1986), p. 18.
33 Zahn(1986), p. 18 이하; Olschowy(1990), p. 20; Trommsdorff/Schneider(1990), p. 5.
34 Macharzina(1993), p. 572.
35 전게서.
36 전게서.

경영은 '연구개발'과 '기술경영'을 포함할 뿐만 아니라 가치창출과정(value creating process)의 모든 분야와 관련되어 있음을 알 수 있다.

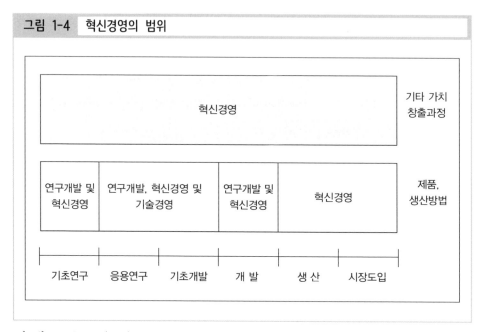

그림 1-4 혁신경영의 범위

자료원 : Macharzina(1993), p. 571.

1.3.2 혁신경영의 과정

혁신경영의 과정은 다음과 같은 두 가지 관점에서 논의될 수 있다. 이러한 관점은 좁은 의미의 혁신과정(제5장 참고)과 넓은 의미의 혁신관리과정(제6장 참고)을 의미한다.

- 좁은 의미의 혁신과정 : 아이디어의 창출, 평가 및 실현과 관련된 일련의 과정
- 넓은 의미의 혁신관리과정 : 혁신수행을 위한 전략(제4장 참고), 계획, 조직, 통제와 관련된 일련의 과정

혁신과정[37]

여러 문헌에는 혁신과정(innovation process)과 관련된 여러 가지 모델이 있지만, 가장 대표적인 모델은 톰(*Thom*)에 의하여 개발되었다.[38] 그는 시간의 흐름에 따라 혁신과정을 분류하였는데, 이러한 혁신과정은 아이디어창출, 아이디어평가 및 아이디어실현 등의 3단계로 구성되어 있다.

표 1-1	혁신과정의 단계	
	혁신과정의 단계	
	주요 단계	
아이디어창출	아이디어평가	아이디어실현
	주요 단계의 구체화	
추구방향결정 아이디어발견 아이디어제안	아이디어검토 실현계획의 수립 실현계획에 대한 의사결정	새로운 아이디어의 실현 새로운 아이디어의 판매 채택통제

자료원 : Thom(1980), p. 53.

---

37 박주홍(2016), p. 200 이하 수정 재인용.
38 Thom(1980), p. 53; Thom(1983), p. 7; Herzhoff(1991), p. 21; Gerybadze(2004), p. 23.

〈표 1-1〉은 혁신과정의 단계를 제시한다. 혁신과정의 단계적 구분에 대한 약간의 비판이 있음에도 불구하고, 이 표는 혁신과정을 체계적으로 잘 분류하였기 때문에 모든 종류의 혁신을 위한 모델로 활용될 수 있다.[39] 혁신과정의 각 단계의 의미를 구체적으로 살펴보면 다음과 같다.

- 아이디어창출 단계(stage of idea generation) : 이 단계에서는 혁신을 위한 대안적인 아이디어가 획득된다. 혁신을 위한 새로운 아이디어는 기업 내부적 또는 기업 외부적으로 창출된다.[40]
- 아이디어평가 단계(stage of idea evaluation) : 이 단계에서는 아이디어 창출단계에서 획득된 혁신아이디어들이 평가된다. 즉, 아이디어평가를 통하여 어떤 특정한 혁신아이디어(예를 들면, 제품 및 공정아이디어)가 채택된다.
- 아이디어실현 단계(stage of idea realization) : 이 단계에서는 채택된 혁신아이디어가 실행에 옮겨진다. 아이디어실현의 목표로는 신제품의 효과적인 시장도입 및 신공정의 효율적인 개선 등을 들 수 있다. 이 단계에서의 주요 과제는 신제품 개발, 공정개선, 생산시스템의 채택, 시장테스트, 신제품의 시장도입 및 신제품 마케팅 등이다.

---

39 Herzhoff(1991), p. 22.
40 Trommsdorff/Schneider(1990), p. 9; Trommsdorff/Reeb/Riedel(1991), p. 568.

혁신관리과정

혁신관리과정은 앞서 설명한 혁신과정뿐만 아니라 혁신을 위한 전략, 계획, 조직 및 통제 등과 관련된 관리과정(management process)을 통합한다. 〈그림 1-5〉는 *박주홍(Park)*에 의해 처음으로 제시된 혁신관리과정의 개념적 틀을 보여준다. 즉, 이 그림은 좁은 의미의 혁신과정과 넓은 의미의 혁신관리과정을 통합적으로 연결시키고 있다.

그림 1-5	혁신관리과정의 개념적 틀

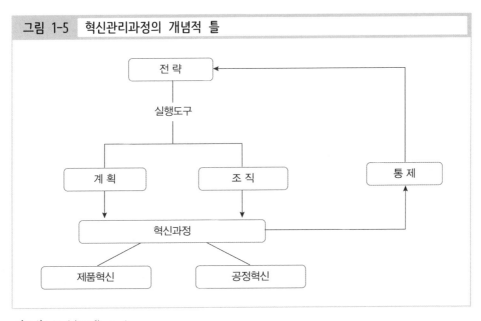

자료원 : Park(1996), p. 3.

1.4 본서의 구성 및 주요 내용

본서는 총 4부 12장으로 구성되어 있으며, 그 주요 내용은 다음과 같다.

먼저, '제1부 혁신경영에 대한 개념적 기초'는 본서의 도입 부분으로서 혁신과 혁신경영의 개념적 기초(제1장), 연구개발의 개념적 기초(제2장) 및 기술경영의 개념적 기초(제3장)에 대하여 설명한다.

'제2부 혁신경영에 대한 통합적 이해'에서는 혁신전략(제4장), 혁신과정(제5장) 및 혁신관리과정(제6장)에 대하여 체계적으로 논의한다.

'제3부 신제품 개발과 신제품 마케팅'에서는 신제품 개발(제7장) 및 신제품 마케팅(제8장)에 대하여 검토한다.

마지막으로, '제4부 기술혁신과 통합적 기술관리'는 기술혁신(제9장), 기술사업화와 기술이전(10장), 기술투자와 기술가치 평가(11장) 및 기술보호(12장)에 대하여 논의한다.

〈그림 1-6〉은 본서의 구성 및 주요 내용을 제시한다.

그림 1-6 본서의 구성 및 주요 내용

제1부 혁신경영에 대한 개념적 기초

제1장 혁신과 혁신경영의 개념적 기초
제2장 연구개발의 개념적 기초
제3장 기술경영의 개념적 기초

제2부 혁신경영에 대한 통합적 이해

제4장 혁신전략
제5장 혁신과정
제6장 혁신관리과정

제3부 신제품 개발과 신제품 마케팅

제7장 신제품 개발
제8장 신제품 마케팅

제4부 기술혁신과 통합적 기술관리

제 9 장 기술혁신
제10장 기술사업화와 기술이전
제11장 기술투자와 기술가치 평가
제12장 기술보호

연구개발의 개념적 기초

CHAPTER 02

CHAPTER 02

연구개발의 개념적 기초

2.1 연구개발의 의의

2.1.1 연구개발의 의의와 유형

연구개발은 과학기술에 대한 새로운 지식 또는 원리를 탐구하는 기초연구, 그리고 이러한 기초연구의 결과를 바탕으로 수행되는 응용연구, 기초개발 및 개발 등과 관련되어 있다. 앞서 논의한 바와 같이, 본서에서는 연구개발을 기초연구, 응용연구, 기초개발 및 개발(신제품 및 신공정 개발) 등을 포괄하는 개념으로 정의하기로 한다(제1장, 1.3.1 참고). 이와 같은 연구개발의 네가지 유형은 각각 다음과 같은 의미를 갖는다.

- 기초연구(basic research) : 이것은 과학기술에 대한 새로운 지식 또는 원리를 창출하기 위하여 수행되는 모든 연구활동을 포함한다. 일반적으로 기초연구는 국가기관, 대학, 연구소 등에 의하여 수행되는 경향이 있다. 기초연구에서 창출한 새로운 지식 또는 원리는 신제품 또는 신공정 등과 같은 개발에 큰 영향을 미칠 수 있기 때문에 기업은 기초연구에 관심을 가질 필요가 있다. 세계적인 경쟁력을 보유한 글로벌 기업들은 기업의 기술경쟁력 향상을 위하여 기초연구에 많은 투자를 하고 있다.

- 응용연구(applied research) : 이것은 새로운 아이디어 또는 기초연구를 바탕으로 실제의 문제점에 대한 해결가능성을 제시하기 위하여 수행되는 연구활동을 말한다. 일반적으로 기초연구는 이론적 관점에 그 중점을 두고 있는 반면, 응용연구는 실무적 적용 가능성에 그 중점을 두고 있다.

- 기초개발(basic development) : 이것은 응용연구의 결과물에 기초하여 개발원칙의 확립, 제조가능성의 검토 및 제품개념의 설정 등과 관련된 활동을 의미한다.[1] 이러한 기초개발은 신제품뿐만 아니라 신공정의 개발을 위한 전제조건에 해당될 수 있다. 시간적으로 볼 때 기초개발은 개발의 이전 단계에 수행되는 활동이지만, 이것은 아래에서 설명되는 개발의 개념에 포함되기도 한다.

- 개발(development) : 이것은 앞서 설명한 기초연구, 응용연구 및 기초개발 등의 결과물을 기초로 하여 신제품 또는 신공정을 구체적으로 개발하는 활동을 말한다. 개발에 있어서 무엇보다도 중요한 것은 고객,

---

1 Macharzina(1993), p. 572.

사용자 또는 소비자들의 요구사항을 반영하여 결과물을 창출하는 것이다. 특히, 신제품 개발에 있어서 개발의 가장 중요한 목표는 경제성 또는 사업성 증대이다. 신제품 개발의 경우, 개발이 완료되면 그 결과물이 그 다음 관련조직인 생산부서로 전달되어 생산(제조)이 시작된다.

2.1.2 연구개발과 혁신경영의 차이점

제1장에서 논의한 바와 같이 혁신경영은 '연구개발' 및 '기술경영'을 포괄하는 개념이다(<그림 1-4> 참고). 연구개발과 혁신경영은 다음과 같은 차이점을 갖고 있다.

- 추구하는 방향의 차이 : 연구개발은 새로운 사실 또는 원리를 추구하는 기초연구, 문제점의 해결가능성을 탐구하는 응용연구, 그리고 새로운 제품 또는 공정으로 구체화되는 기초개발 및 개발활동과 관련되어 있지만, 생산과 시장도입의 과정과는 개념적으로 연결되어 있지 않다. 즉, 연구개발은 탐구와 개발을 추구하는 반면, 혁신경영은 신제품의 시장도입(제품혁신), 신공정의 실행(공정혁신), 전략혁신 및 사회적 혁신의 수행(실행 또는 실현)과 관련된 모든 과정을 포괄한다.
- 관리주체의 차이 : 일반적으로 연구개발은 연구개발부문에서 그 관리를 담당하지만, 혁신경영은 최고경영층뿐만 아니라 다양한 혁신(예를 들면, 전략혁신, 사회적 혁신, 제품혁신 및 공정혁신 등과 같은 4대 혁신)을 추구하는 기업의 전 부문에서 추구된다.
- 해결해야 하는 과제의 차이 : 연구개발은 기술적 과제를 중시하지만, 혁

신경영은 기술적, 상업적 및 경영적 측면과 관련된 모든 과제들을 중
요하게 고려한다. 또한 연구개발은 운영적 과제에 중점을 두지만, 혁
신경영은 전략적 및 운영적 과제들을 모두 중시한다.

2.2 연구개발의 전략적 대안

아래에서 논의되는 연구개발의 전략적 대안들은 *크네리히(Kneerich)*의 분
류에 그 기초를 두고 있다.[2] 각 기업이 처한 상황에 따라 이러한 전략적 대
안의 선택은 달라질 수 있다.

2.2.1 독자적 개발전략과 인수전략

연구개발 관리자는 기업 내부에서 독자적으로 연구개발을 수행할 것인
지, 아니면 기업 외부에서 연구개발의 결과(예를 들면, 특허, 노하우 등)를 취득
할 것인지에 대한 의사결정의 상황에 놓이게 될 수 있다. 독자적 개발전략
은 '직접 수행(make)' 의사결정에 속하는 반면, 인수전략은 '구매(buy)' 의사결
정에 해당된다. 경우에 따라서 기업은 기업 외부의 연구개발 파트너와 공동
으로 연구개발을 수행할 수 있다. 그러므로 독자적 개발전략과 인수전략에
대한 의사결정과 관련하여 기업은 다음과 같은 세 가지 기술적 원천을 고려

---

2 Kneerich(1995), p. 94 이하; Bullinger/Renz(2005), p. 89 이하.

할 수 있다.[3]

- 내부적 원천 : 독자적 기술개발
- 외부적 원천 : 라이선싱 취득, 기술구매
- 외부 파트너와의 연구개발 협력 : 자본참여가 없는 연구개발 협력(위탁개발, 공동개발, 가상기업, 전략적 제휴 등을 통한 연구개발 협력), 자본참여를 통한 연구개발 협력(합작투자, 소수지분참여, 다수지분참여, 합병 등을 통한 연구개발 협력)

연구개발에 있어서 독자적 개발전략과 인수전략의 주요 장점을 살펴보면 다음과 같다.

- 독자적 개발전략의 장점
  - 자사 특유의 기술포트폴리오 구축
  - 기술적 독립성의 증대
  - 판매 가능한 독자적 기술개발을 통한 로열티 창출
- 인수전략의 장점
  - 연구개발투자가 요구되기 않기 때문에 투자위험의 회피가능성 증대
  - 시장에서 검증이 완료된 기술의 확보
  - 기술제공기업의 잘 구축된 기술적 이미지 활용 가능

---

3 Bullinger/Renz(2005), p. 91.

2.2.2 보호전략과 판매전략

연구개발의 측면에서 볼 때 보호전략과 판매전략은 연구개발 성과 또는 결과물을 누가 활용할 것인가와 관련되어 있다. 연구개발의 성과를 다른 기업에게 판매하지 않고 독자적으로 활용하는 것은 '보호(keep)'라고 하며, 반면에 연구개발의 성과를 다른 기업에게 이전하는 것을 '판매(sell)'라고 한다. 일반적으로 보호전략은 기업이 연구개발의 성과를 판매하여 얻는 수익(예를 들면, 로열티)보다 이들을 독점적으로 활용하면서 얻는 수익이 더 클 때 선택하는 경향이 있다.

특히, 기업이 연구개발의 성과를 다른 기업에게 이전하는 판매전략은 다음과 같은 상황에서 선택될 수 있다.[4]

- 계획한 연구개발활동과 관련이 없는 우연적 연구개발 결과물을 도출한 경우
- 연구개발 프로젝트를 통해서 창출된 연구개발 결과물을 자사의 판매 프로그램을 위해 더 이상 사용할 수 없는 경우
- 연구개발 결과물이 자사의 기술포트폴리오에 적합하지 않거나 새로운 시장표준에 부합되지 않는 경우
- 연구개발을 통해 창출된 부수적 결과물을 자사의 제품생산을 위해 활용할 수 없는 경우

---

4 Gerpott(1999), p. 274.

연구개발에 있어서 보호전략과 판매전략의 주요 장점은 각각 다음과 같다.

- 보호전략의 장점
  - 경쟁력이 있는 기술(예를 들면, 첨단기술, 핵심기술)의 유출방지
  - 기술의 독자적 활용을 통한 수익창출 극대화
  - 배타적인 기술의 확보
- 판매전략의 장점
  - 기술이전을 통한 로열티 창출
  - 자사에서 더 이상 사용 불가능한 기술의 판매를 통한 추가적 수익의 확보
  - 교차 라이선싱을 통한 경쟁기업과의 기술적 협력 강화

2.2.3 선도자 전략과 추종자 전략

연구개발 관리자는 연구개발의 시점(R&D timing)에 대한 의사결정의 상황에 직면할 수 있다. 다른 주요 경쟁업체보다 먼저 연구개발의 성과를 달성한 경우, 그 기업은 연구개발에 있어서 '선도자(leader)'의 지위를 확보할 수 있다. 반면에 어떤 기업이 특정 연구개발의 성과를 먼저 달성한 경우, 뒤따르는 경쟁기업들은 '추종자(follower)' 전략을 선택할 수 있다.

일반적으로 연구개발의 성과를 먼저 획득한 기업(선도자)은 그렇지 못한 기업(추종자)에 비해 신제품을 시장에 먼저 도입할 수 있는 기회를 가질 가능성이 높다. 특히, 제품수명주기 또는 기술수명주기가 짧은 제품인 경우에 있어서 연구개발에서의 선도자 전략은 경쟁우위의 확보를 위해 긍정적인 영향을 미칠 수 있다.

연구개발에 있어서 선도자 전략과 추종자 전략의 주요 장점은 다음과 같이 각각 요약될 수 있다.

- 선도자 전략의 장점
  - 기술주도권의 확보
  - 시장의 선점
  - 추종자에 대한 진입장벽의 구축
- 추종자 전략의 장점
  - 선도자의 연구개발 및 시장진입 경험의 활용
  - 후발 진입에 따른 기술적 위험의 회피 가능성 증대
  - 기술 및 시장 불확실성의 해결 가능성 증대

2.2.4 순서적 개발전략과 병행전략

일반적으로 기업이 개발하려는 신제품은 여러 개의 연구과제들이 복합적으로 관련되는 일련의 단계별 연구개발과정을 거쳐 시장에 도입된다. 어떤 기업이 신제품을 시장에 도입하기 위해서는 '순서적(sequential)'으로 개발할 것인지, 아니면 '병행적(parallel)'으로 개발할 것인지를 결정하여야 한다. 순서적 개발전략은 일련의 연구개발과정을 순차적으로 수행하는 것을 말한다. 반면에 병행전략은 일련의 연구개발과정을 동시다발적으로 진행하는 것을 의미한다.

어떤 기업이 신제품 개발을 위한 인적 및 물적 자원을 충분하게 보유하고 있지 않다면 순차적 개발전략을 선택하는 것이 바람직한 반면, 인적 및 물적 자원을 충분하게 보유하고 있다면 병행전략을 선택하는 것이 유리할 수 있다. 또한 시간적 압박을 별로 받지 않는 신제품은 순차적으로 개발하는 경향이 있으며, 반면에 시간적 압박이 심한 신제품은 동시적으로 개발하는 경향이 있다. 특히, 병행전략은 동시공학(simultaneous engineering)에 그 기초를 두고 있다. 동시공학은 제품설계의 단계부터 제조 및 사후지원의 업무까지 모두 통합하여 동시적으로 접근하는 방식을 말한다.

연구개발에 있어서 순서적 개발전략과 병행전략의 주요 장점은 각각 다음과 같다.

- 순서적 개발전략의 장점
  - 단계별 연구개발 투자에 따른 위험감소
  - 단계별 연구개발의 성과에 대한 검증시간 충분
  - 개별 연구개발과제에 대한 특수성 고려
- 병행전략의 장점
  - 다수의 연구개발과제의 동시 수행
  - 연구개발 전체 과정에 대한 통합적 통제
  - 다양한 제품의 병행개발에 따른 다양한 시장의 요구사항 충족

2.3 연구개발의 글로벌화와 조직구조 및 조직관리

2.3.1 연구개발의 글로벌화의 의의와 발전단계

연구개발의 글로벌화(globalization of R&D)는 신제품 또는 신공정 등과 관련된 기술적 개발 과제를 본사와 자회사의 구분 없이 전 세계적으로 수행하

는 것을 말한다. 이러한 연구개발의 글로벌화는 본사와 자회사로 하여금 신
제품 또는 신공정 개발 과제를 국경을 초월하여 파악하고 처리하도록 한다.[5]

　연구개발의 글로벌화의 필요성이 제기되는 이유를 보다 구체적으로 살펴
보면 다음과 같다.[6]

- 세계화 또는 글로벌화로 인한 사업구조의 변화
- 제품수명주기의 단축으로 인한 국내에서의 신속한 기술개발의 한계
- 보다 신속한 현지 소비자 및 고객의 요구의 충족
- 기술력이 우수한 현지국에서의 신기술 및 신제품 개발
- 인적 및 물적 연구개발자원의 국제적인 효율적 배분의 필요성
- 생산 및 마케팅 위주의 현지 자회사에 연구개발기능을 추가함으로써
  본사로부터 기능적으로 완전 독립하려는 현지 자회사의 요구
- 현지국 정부의 연구개발에 대한 각종 혜택

　일반적으로 혁신은 연구개발의 결과물로 인식되는 경향이 있기 때문에
혁신의 글로벌화(globalization of innovation)는 연구개발의 글로벌화(globalization
of research and development)와 동의어로 사용된다.[7] 기업의 글로벌화의 발전
과정에서 볼 때, 일반적으로 판매와 생산운영(manufacturing operations)의 글로
벌화가 먼저 이루어졌으며, 그 이후에 연구개발의 글로벌화가 진행되었다.[8]
레디(Reddy)는 연구개발의 글로벌화를 다음과 같은 다섯 단계로 구분하였다.[9]

5　박주홍(2016), p. 257.
6　박주홍(1996), p. 126.
7　박주홍(2016), p. 28 이하 재인용.
8　von Boehmer(1998), p. 107 이하.
9　Reddy(2011), p. 60 이하.

- 1단계 : 연구개발의 국제화 시작단계인 1단계는 1970년대 이전에 시작되었으며, 1960년대부터 이러한 연구개발의 국제화 과정이 진행되었다. 특히, 1970년대 이전의 대부분의 연구개발의 국제화는 기술이전단위(technology transfer units)의 관점에서 이루어졌다. 기술이전단위는 본사가 해외 자회사에 기술이전을 하거나 현지에 기술 서비스를 제공하는 수준의 연구개발의 국제화를 담당하는 조직을 의미한다. 이러한 기술이전의 사례는 자동차 부품, 기계, 전기 및 엔지니어링 등과 같은 산업에서 발견된다.

- 2단계 : 연구개발의 국제화 성장단계인 2단계는 1970년대에 해당된다. 특히, 이 단계에서는 현지 자회사의 토착기술단위(indigenous technology units)의 관점에서 연구개발의 국제화가 이루어졌다. 토착기술단위는 현지시장을 위한 신제품을 현지국에서 직접 개발하는 연구개발조직을 의미한다. 이러한 연구개발의 사례는 소비재 및 화학 등과 같은 산업에서 발견된다.

- 3단계 : 이 단계는 연구개발의 국제화로부터 글로벌화로의 이행단계를 말하며, 1980년대에 해당된다. 특히, 이 단계에서는 기업의 글로벌화에 힘입어 글로벌 기술단위(global technology units), 기업기술단위(corporate technology units) 및 지역기술단위(regional technology units)의 관점에서 연구개발의 글로벌화가 진전되었다. 여기에서 글로벌 기술단위는 글로벌 시장을 위한 신제품을 개발하는 연구개발조직을 의미한다. 또한 기업기술단위는 장기적으로 사용가능한 기초기술을 창출하는 본사의 연구개발조직을 의미하며, 반면에 지역기술단위는 지역시장을 위한 신제품을 개발하는 연구개발조직을 말한다. 이러한 연구개발의 사례는 마이크로 전자, 제약, 바이오 기술 및 신소재 등과 같은 산업에서

발견된다.

• 4단계 : 이 단계는 완전한 연구개발의 글로벌화가 나타난 단계이며, 1990년대에 해당된다. 이 단계는 무엇보다도 연구개발의 글로벌화를 실현하기 위하여 숙련된 연구자에 대한 수요가 증가하고, 연구개발비용이 증가하는 특징을 보여주고 있다. 그러므로 이 단계에서 글로벌기업은 대규모의 과학기술 인력풀을 유지하여야 하는 과제를 안게되었다. 연구개발의 글로벌화를 추구하는 산업의 예로 마이크로 전자, 바이오 기술, 제약, 화학 및 소프트웨어 등과 같은 산업을 들 수 있다.

• 5단계 : 이 단계는 연구개발의 글로벌화가 더욱 진화하는 단계를 말하며, 2000년대 이후 지금까지 지속되고 있다. 특히, 2000년대 이후 신흥시장의 경제와 개인소득이 급속도로 성장하고 있기 때문에 이들 국가의 소비자들은 선진국의 소비자와 마찬가지로 정교한 제품을 요구하고 있다. 이러한 욕구를 충족시키기 위하여 글로벌 기업은 대량생산을 통한 규모의 경제를 실현하고 원가가 낮은 신제품을 개발해야 하는 상황에 직면하고 있다. 또한 이러한 신제품은 신흥시장에 입지한연구개발단위에서 개발되어 현지시장에 판매될 수도 있지만, 현지시장과 유사한 세분시장이 존재하는 글로벌 시장을 염두에 두고 개발되어야 한다. 이 단계에 해당되는 산업의 예로 자동차, 정보통신기술 및바이오 제약 등과 같은 산업을 들 수 있다.

2.3.2 연구개발의 글로벌화와 조직구조[10]

기업은 기업의 내부적 및 외부적 환경을 고려하여 연구개발의 글로벌화
를 수행할 조직구조를 선택하는 의사결정을 하여야 한다. 이러한 연구개발
의 글로벌화와 관련된 조직구조는 다음과 같은 네 가지 형태로 분류할 수
있다.

(1) 본사 중심적 연구개발 조직구조

본사 중심적 연구개발 조직구조(ethnocentric R&D structure)에 있어서 연구
개발의 글로벌화와 관련된 주요 의사결정은 본사 중심적으로 이루어진다.
이 조직구조에서는 본사의 연구개발부서가 글로벌 연구개발의 전략수립, 연
구개발의 과제선정 또는 계획수립, 연구개발과 관련된 인적 및 물적 자원의
투입, 연구개발의 실행 및 연구개발의 통제 등에 있어서 본사의 연구개발부
서가 주도적 역할을 하며, 현지 자회사의 연구개발조직은 종속적인 역할을
한다. 그리고 이 조직구조에서는 본사가 해외 자회사보다 연구개발능력 또
는 기술개발능력이 우수하다는 가정을 한다.[11]

〈그림 2-1〉은 본사 중심적 연구개발 조직구조를 보여준다. 이 그림에서
본사의 연구개발부서가 색으로 표시되어 있는데, 이는 본사의 연구개발부서
가 주도적 역할을 한다는 것을 의미한다.

---

10 박주홍(2016), p. 180 이하 재인용.
11 Gassmann/von Zedtwitz(1999), p. 235 이하.

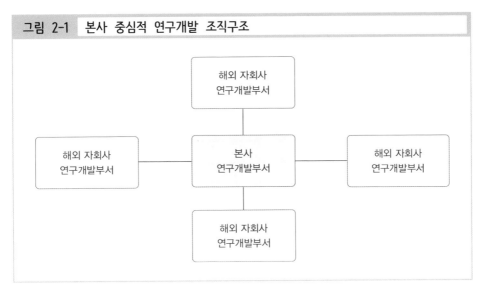

그림 2-1 본사 중심적 연구개발 조직구조

자료원 : 박주홍(2003), p. 157.

(2) 현지 중심적 연구개발 조직구조

현지 중심적 연구개발 조직구조(polycentric R&D structure)에서는 연구개발 활동과 관련된 주요 의사결정권이 해외 자회사의 연구개발부서에 대폭 위임된다. 즉, 이 조직구조에서는 본사의 연구개발부서의 의사결정권은 약화되고, 해외 자회사의 의사결정권이 강화된다. 또한 독립적인 해외 자회사의 연구개발단위들(independent R&D units) 간의 경쟁이 이루어질 가능성이 매우 높다. 일반적으로 본사가 해외 자회사의 연구개발능력을 높게 평가하는 경우에 현지 중심적 연구개발 조직구조가 채택된다.

〈그림 2−2〉는 현지 중심적 연구개발 조직구조를 나타낸다. 이 조직구조에서는 해외 자회사의 연구개발부서들이 색으로 표시되어 있는데, 이는 해외 자회사의 연구개발부서가 독립적 또는 자치적으로 연구개발활동을 수행한다는 것을 의미한다.

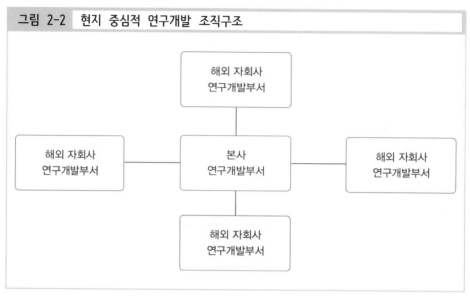

그림 2-2 현지 중심적 연구개발 조직구조

자료원 : 박주홍(2003), p. 158.

(3) 지역 중심적 연구개발 조직구조

지역 중심적 연구개발 조직구조(regiocentric R&D structure)에 있어서 연구개발활동과 관련된 주요 의사결정은 지역본부(headquarters)의 연구개발부서에 의하여 이루어진다. 또한 어떤 특정 지역본부에 소속된 해외 자회사의 연구개발부서는 지역본부의 연구개발부서에 종속되어 있다.[12] 그러나 본사의 연구개발부서는 지역본부의 연구개발부서와 협력적인 관계를 유지하면서 지역본부의 연구개발활동을 어느 정도의 통제를 하기도 한다. 본사의 연구개발부서가 지역본부의 연구개발부서를 중앙집권적으로 통제하는 경우, 이 조직구조를 연구개발 허브 모델(R&D hub model)이라고 한다.

〈그림 2-3〉은 지역 중심적 연구개발 조직구조를 제시하고 있다. 이 그

---

12 Asakawa(2001), p. 1 이하.

림에 나타나 있는 바와 같이, 이 조직구조에서는 지역본부의 연구개발부서와 본사의 연구개발부서에 색으로 표시되어 있는데, 이는 본사와 지역본부의 연구개발부서가 연구개발활동에 있어서 주도적 역할을 한다는 것을 의미한다.

그림 2-3　지역 중심적 연구개발 조직구조

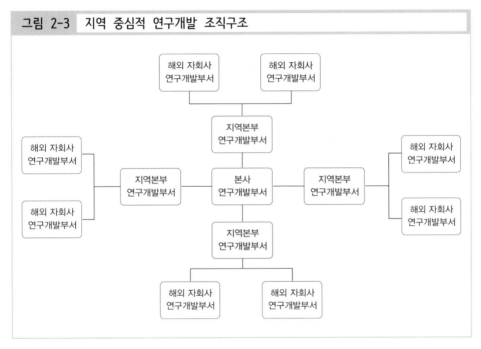

자료원 : 박주홍(2003), p. 160.

(4) 글로벌 중심적 연구개발 조직구조

글로벌 중심적 연구개발 조직구조(geocentric R&D structure)에서는 본사와 해외 자회사의 연구개발부서가 상호 협력하여 전 세계적인 관점에서 연구개발활동을 수행한다. 연구개발을 위한 조직들이 전 세계적인 네트워크를 형성하고 있기 때문에 '네트워크 모델(network-model)' 또는 '통합된 연구개발

네트워크(integrated R&D network)'라고 표현하기도 한다.[13] 이 조직구조에서는 본사와 해외 자회사의 이분법적인 개념 구분이 더 이상 의미가 없으며, 오로지 전 세계적 관점에서의 본사와 해외 자회사 간의 연구개발부서의 통합적 협력이 보다 큰 의미를 갖는다.

〈그림 2-4〉는 글로벌 중심적 연구개발 조직구조를 보여준다. 이 그림에 제시되어 있는 바와 같이, 본사와 해외 자회사 및 해외 자회사들 간의 연구개발부서의 전 세계적인 네트워크가 형성된다. 이러한 네트워크 구축을 통하여 전 세계적인 관점에서 연구개발활동의 시너지가 추구된다. 본사와 해외 자회사의 연구개발부서가 모두 중요하기 때문에 이 그림에서는 이들 모든 부분이 색으로 표시되어 있고, 선(line)으로 상호 연결표시가 되어 있다.

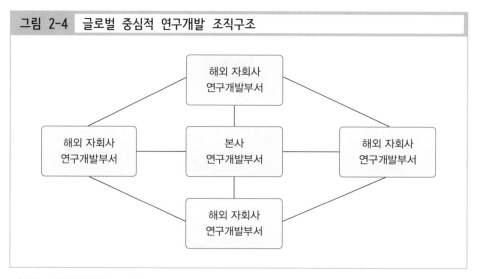

그림 2-4　글로벌 중심적 연구개발 조직구조

자료원 : 박주홍(2003), p. 162.

---

13 Gerpott(1990), p. 242 이하; Gerpott/Meier(1990), p. 65 이하; Gassmann./von Zedtwitz(1999), p. 243.

2.3.3 연구개발의 글로벌화와 조직관리[14]

앞서 논의한 연구개발의 글로벌화를 통하여 나타나는 여러 형태의 조직들을 잘 관리하고 통제하기 위해서는 다음과 같은 조직관리가 요구된다. 이러한 조직관리(organization management)는 일반적으로 본사통제, 현지자치 및 유연적 통합 등으로 구분되어 이루어진다.[15]

(1) 본사통제

본사통제(centralized control)에서는 연구개발과 관련된 중요한 의사결정이 본사에 의해 이루어지며, 아울러 현지 자회사의 연구개발활동도 본사에 의해 조정되고 통제된다. 이러한 조직관리의 가장 큰 장점은 본사와 현지 자회사의 연구개발과제의 중복을 피할 수 있다는 것이다. 단점으로는 현지 연구인력의 동기부여의 악화 및 본사의 연구개발활동의 조정에 대한 과중한 부담 등을 들 수 있다. 본사통제 방식은 일반적으로 본사 중심적(또는 민족 중심적) 조직구조에서 사용된다.

(2) 현지자치

현지자치(local autonomy)에서는 연구개발활동과 관련된 의사결정권한이 현지 자회사에 분산된다. 본사는 재정문제와 기본적 연구개발목표를 확정하며, 연구개발에 관련된 구체적인 계획과 실행은 현지 자회사에 의해 이루어진다. 현지자치의 가장 큰 장점은 현지의 고객 또는 소비자의 요구를 신속

---

14 박주홍(2016), p. 189 이하 재인용.
15 Bartlett(1986), p. 372 이하; 박주홍(1996), p. 129 이하; Perlitz(2004), p. 539 이하.

하게 연구개발활동에 반영할 수 있고, 현지 연구인력의 동기부여가 잘 이루어질 수 있다는 것이다. 그러나 현지자치에서는 본사와 현지 자회사 간에 연구개발과제가 중복될 수 있고, 현지 자회사의 연구개발활동에 대한 본사의 조정과 통제가 약화될 수 있는 단점이 있다. 현지자치 방식은 일반적으로 현지 중심적(또는 다 중심적) 조직구조에서 활용된다.

(3) 유연적 통합

유연적 통합(flexible integration)에서는 연구개발활동의 통제가 본사와 현지 자회사에 의해 절충적으로 이루어진다. 본사통제와 현지자치라는 두 가지 극단적인 조직관리방식은 본사와 현지 자회사의 원활한 커뮤니케이션에 기초를 둔 유연적 통합에 의해 개선될 수 있다. 본사는 연구개발의 범위조건을 확정하고, 경우에 따라서 연구개발활동과 관련하여 현지 자회사의 의사결정에 직접 참여할 수 있다. 아울러, 현지의 연구개발활동은 어느 정도 자치권이 부여되기 때문에 연구인력의 동기부여에 긍정적으로 작용할 수 있다. 장점으로는 현지 연구인력의 동기부여증대 및 본사와 현지 자회사 간의 연구개발활동의 일관적인 추진 등을 들 수 있다. 그러나 이러한 절충적 관리방식이 어느 일방의 의사에 치우치게 되는 경우에는 연구개발활동과 관련하여 본사와 현지 자회사 사이에 갈등이 초래될 수 있다. 유연적 통합 방식은 일반적으로 지역 중심적 조직구조 및 글로벌 중심적 조직구조에서 활용된다.

기술경영의 개념적 기초

CHAPTER 03

기술경영의 개념적 기초

기술경영의 의의

3.1.1 기술경영의 의의와 기술의 경쟁전략적 의미

기술경영의 의의와 목적

기술경영(technology management 또는 management of technology)은 '효율적인 기술의 활용을 목적으로 기술을 관리하는 다양한 경영활동'을 포괄한다. 기술경영에 대한 몇 가지 정의를 살펴보면 다음과 같다.

- 과학, 공학, 경영지식 및 산업관행 등을 학제적으로 통합하여 조직목적을 효율적으로 달성하기 위해 기술적 능력을 기획하고 개발하며 응

용하는 활동[1]

- 기술을 효과적으로 획득, 관리, 활용하여 조직의 경쟁우위 강화 및 기술의 사업화를 촉진하기 위한 다양한 경영활동[2]
- 조직이 보유하고 있는 기술 및 경영 노하우 등 여러 가지 지식을 기업의 특정 제품, 서비스 생산에 적용하는 과정을 효율적으로 관리하기 위한 체계적 기법의 총합체로서 조직의 기술경쟁력 확보를 위한 경영활동[3]

기업의 관점에서 볼 때, 기술경영의 주요 목적은 다음과 같이 요약될 수 있다.

- 신제품 및 신공정 개발과 관련된 효율적인 기술관리
- 기술투자를 통한 경영성과의 극대화
- 기술관리를 통한 기업의 기술경쟁력 강화
- 성공적인 기술개발을 위한 인적 및 물적 자원의 효율적 배분
- 기술사업화의 촉진
- 전사적 차원의 기술포트폴리오 관리

1 Khali(2000), p. 7; 김의제(2009), p. 11 재인용.
2 박창규(2010), p. 52
3 신용하(2014), p. 47.

기술의 경쟁전략적 의미[4]

기술(technology)은 신제품 및 신공정의 본질적인 구성요소일 뿐만 아니라, 경쟁잠재성과 관련된 중요한 요인이다. 경쟁전략적 의미에서 기술은 기초기술, 핵심기술 및 선도기술 등으로 구분된다.[5]

기초기술(basic technology)은 대다수의 경쟁자들이 사용하고 있는 기술을 말한다. 기초기술의 용이한 이용가능성에도 불구하고, 이러한 기술을 통하여 기업은 어떤 구체적인 경쟁우위를 거의 달성할 수 없다. 반면에, 어떤 산업 부문에 있어서 아직 많이 알려지지 않은 핵심기술(key technology)은 기업의 경쟁력에 비교적 큰 영향을 미친다. 선도기술(leading technology)은 대체로 기술수명주기의 초기단계에 해당되는 기술이다. 그러나 모든 선도기술이 미래에 있어서 핵심기술이 되는 것은 아니다.

〈그림 3-1〉은 기술의 통합과 경쟁력의 관계를 보여준다. 이 그림에 나타나 있는 것처럼 기술을 통한 경쟁력의 확보 및 제품과 공정에서의 기술의 통합의 관점에서 기술은 기초기술, 핵심기술 및 선도기술 등으로 구분할 수 있다.

---

4 박주홍(2016), p. 123 재인용.
5 Sommerlatte/Deschamps(1985), p. 49 이하; Bleicher(1990), p. 8 이하.

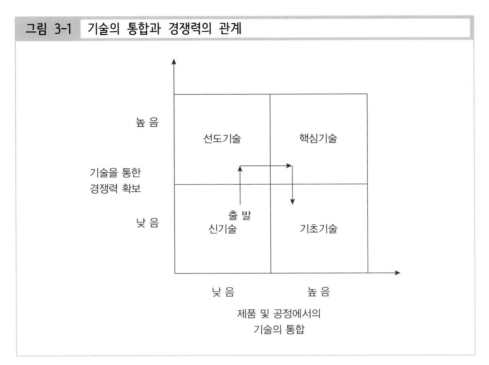

그림 3-1 기술의 통합과 경쟁력의 관계

자료원 : Servatius(1985), p. 117.

3.1.2 기술경영과 혁신경영의 차이점

제1장과 제2장에서 설명한 바와 같이 혁신경영은 '연구개발' 및 '기술경영'을 포괄하는 개념이다(<그림 1-4> 참고). 기술경영과 혁신경영의 주요 차이점을 제시하면 다음과 같다.

- 추구하는 방향의 차이 : 〈그림 1-4〉에서 제시한 바와 같이 기술경영은
  문제점의 해결가능성을 탐구하는 응용연구, 그리고 새로운 제품 또는
  공정으로 구체화되는 기초개발에 중점을 두고 있다. 이러한 관점에서

볼 때, 기술경영은 연구개발부문에 국한된 좁은 의미의 기술경영 또는 기술관리를 의미한다. 즉, 기술경영은 응용연구와 기초개발에 중점을 두는 반면, 혁신경영은 제품혁신, 공정혁신, 전략혁신 및 사회적 혁신의 실행에 중점을 두고 있다.

- 관리주체의 차이 : 기술경영은 응용연구와 기초개발과 직접적으로 관련된 연구개발부문에서 수행되는 경향이 있지만, 혁신경영은 최고경영층뿐만 아니라 다양한 혁신(예를 들면, 전략혁신, 사회적 혁신, 제품혁신 및 공정혁신 등과 같은 4대 혁신)을 추구하는 기업의 전 부문에서 수행된다. 넓은 의미(예를 들면, 전사적 관점)의 기술경영의 관점에서 볼 때, 기술경영은 최고경영층의 참여와 전략적 접근을 필요로 한다.

- 해결해야 하는 과제의 차이 : 기술경영은 기술적 문제의 해결가능성, 새로운 제품 또는 공정으로의 구체화 등과 같은 기술적 과제를 중요하게 고려하지만, 혁신경영은 기술적, 상업적 및 경영적 측면과 관련된 모든 과제들에 중점을 둔다. 아울러 기술경영은 운영적 과제에 중점을 두지만, 혁신경영은 전략적 및 운영적 과제들을 모두 중시한다.

3.2 기술적 환경에 대한 이해

3.2.1 *안소프(Ansoff)*에 의한 기술적 환경의 분류[6]

어떤 국가의 기술적 환경(technological environment)은 먼저 특정 제품 및 서비스에 대한 수요-기술-제품수명주기(demand-technology-product life cycle)의 관점에서 평가될 수 있다.[7] *안소프(Ansoff)*는 기술적 환경을 안정된 기술적 환경, 비옥한 기술적 환경 및 혼란한 기술적 환경 등으로 분류하였다. 이러한 세 가지 기술적 환경에 대하여 살펴보면 다음과 같다.[8]

안정된 기술적 환경

안정된 기술적 환경(stable technological environment)은 어떤 수요수명주기 (demand life cycle)의 기간 동안 기본적으로 변화되지 않는 수명이 긴 기술을 가진 사업으로 구성되어 있다. 이러한 상황하에서는 일정한 제품수명주기 (product life cycle) 곡선들을 가진 제품의 수가 비교적 적으며, 다른 기술적 환경에 비해 안정적이다. 〈그림 3-2〉의 안정된 기술적 환경에 대한 그래프 는 수요와 기술이 장기간 뒷받침되고, 또한 수요를 충족시킬 수 있는 소수 의 제품이 안정적으로 판매되고 있는 상황을 보여준다.

---

6 박주홍(2012), p. 166 이하 수정 재인용.
7 Ansoff(1984), p. 103 이하.
8 전게서; Dugal/Roy(1994), p. 294 이하; Dugal/Schroeder(1995), p. 32 이하; Roy/Dugal(1999), p. 113.

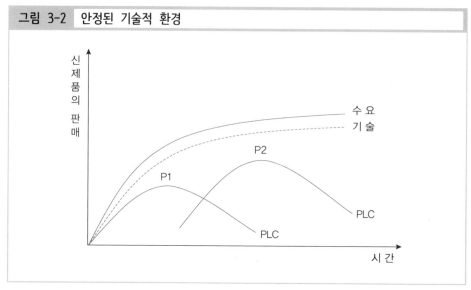

그림 3-2 안정된 기술적 환경

자료원 : Ansoff(1984), p. 103.

비옥한 기술적 환경

비옥한 기술적 환경(fertile technological environment)은 안정된 기술적 환경
에서와 마찬가지로 어떤 수요수명주기의 기간 동안 수명이 긴 기술을 가진
사업으로 이루어져 있다. 비옥한 기술적 환경은 안정된 기술적 환경에 비해
일정한 제품수명주기를 가진 제품을 더 많이 보유하고 있다. 이 환경하에서
제품개발은 성공을 위한 결정적 요인이 된다. 기업은 지속적 제품개발의 압
박을 받기 때문에 혁신을 해야 하며, 제품수명주기는 비교적 짧다. 〈그림
3-3〉은 비옥한 기술적 환경을 그래프로 제시한다.

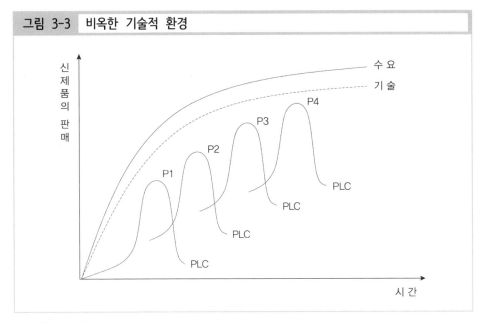

그림 3-3   비옥한 기술적 환경

자료원: Ansoff(1984), p. 103.

혼란한 기술적 환경

혼란한 기술적 환경(turbulent technological environment)은 한 개 또는 그 이상의 기초기술의 대체가 일정한 수요수명주기 동안에 이루어지는 특징을 보여준다. 이러한 환경에서는 빠르고 짧은 제품수명주기로 인하여 나타나는 제품진부화(product obsolescence)의 위협이 큰 문제가 될 수 있다. 예를 들면, 〈그림 3-4〉에 나타나 있는 바와 같이 일정한 수요수명주기 동안 세 개의 기초기술의 대체가 이루어지고 있다. 그러나 이러한 상황에서 중요한 것은 기초기술(basic technology)이 아니라 핵심기술(key technology) 또는 선도기술(leading technology)이다. 이 그림에 제시되어 있는 바와 같이, 기술수명주기의 곡선들은 시간의 경과에 따라 하향하고 있는데, 이것은 기술적으로 진부화된 제품을 의미한다.

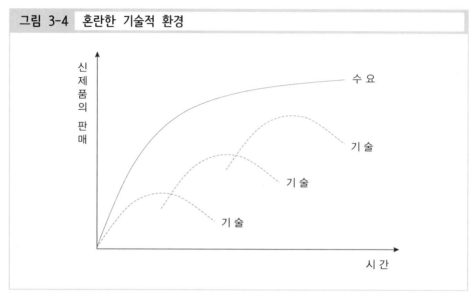

그림 3-4 │ 혼란한 기술적 환경

자료원 : Ansoff(1984), p. 103.

3.2.2 기술적 이해관계자의 분석[9]

포터(Porter)가 산업 내의 경쟁을 분석하기 위하여 제시한 경쟁자, 잠재적 진출기업, 공급자, 구매자 및 대체품 생산자 등은 기업의 기술적 이해관계자 (technological stakeholder)가 될 수 있다(<그림 3-5> 참고).[10] 아래에서는 이러한 기술적 이해관계자가 기업의 기술적 환경에 있어서 어떤 의미를 갖고 있는 지에 대하여 살펴보기로 한다.

---

9 박주홍(2012), p. 181 이하 수정 재인용.
10 Porter(1980).

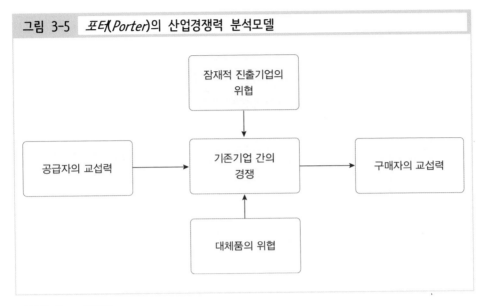

그림 3-5   *포터(Porter)*의 산업경쟁력 분석모델

자료원 : Porter(1980).

(1) 경쟁자

경쟁자(industry competitors)는 어떤 기업이 경쟁관계를 유지하고 있는 기존의 경쟁자를 말한다. 어떤 기업이 기술적 환경을 보다 정확하게 파악하기 위해서는 무엇보다도 경쟁자의 제품수명주기, 신제품 개발능력 및 연구개발 예산의 규모 등을 분석하여야 한다.

경쟁자의 제품수명주기는 경쟁자가 생산하는 제품별로 평가되어야 하며, 그 평가결과는 경쟁관계를 유지하고 있는 어떤 기업의 제품수명주기와 비교·분석되어야 한다. 경쟁자의 제품수명주기가 어느 위치에 있는가를 파악하게 된다면, 그 기업은 신제품 개발 또는 제품수정의 시점을 보다 효과적으로 결정할 수 있다. 그러나 동일한 제품의 수명주기는 각 국가별로 다를 수 있기 때문에 이에 대한 분석도 추가적으로 이루어져야 한다.

기업의 가장 중요한 기술적 환경의 분석대상의 하나는 경쟁자의 신제품 개발능력이다. 기업이 경쟁에서 생존하고, 장기적으로 발전하기 위해서는 탁월한 신제품 개발능력을 보유하여야 한다. 경쟁자의 신제품 개발능력을 구체적으로 분석하기 위해서는 연구개발인력의 수준, 국내외 보유특허의 수, 연간연구개발비 및 총매출액에서 신제품이 차지하는 비율 등과 같은 자료가 수집되어야 한다. 특히, 최근 2~3년간 총매출액에서 신제품이 차지하는 비율은 경쟁자의 신제품 개발능력 또는 혁신능력을 단적으로 보여주는 중요한 지표가 될 수 있다.

(2) 잠재적 진출기업

잠재적 진출기업 또는 신규 시장진입자(new entrants)는 기존의 경쟁구도에 직접적으로 영향을 미치게 된다. 잠재적 진출기업이 새로운 시장에 진출하려는 경우에 있어서 어떤 제품의 개발과 생산에 많은 연구개발비를 필요로 한다면, 새로운 시장에 대한 진입장벽이 높아진다. 이와 반대로, 연구개발비 부담이 거의 없는 제품인 경우에는 시장진입장벽이 낮기 때문에 경쟁이 격화될 가능성이 매우 높다. 기업은 기존의 경쟁에 막대한 영향을 미칠 수 있는, 높은 기술력을 가진 잠재적 진출기업의 시장진입가능성을 항상 염두에 두고 기술경쟁력을 확보하여야 한다.

(3) 공급자

공급자(suppliers) 또는 협력업체는 어떤 기업의 제품생산을 위해 원재료 또는 부품을 공급하는 기업이다. 공급자가 납품한 어떤 부품의 품질 및 원가는 최종 조립업체의 제품경쟁력 또는 원가경쟁력에 영향을 미치게 된다.

예를 들면, ABS(anti-lock brake system) 브레이크를 개발한 보쉬(Bosch)가 이 신제품을 벤츠(Benz), BMW, 아우디(Audi) 및 폭스바겐(Volkswagen) 등과 같은 독일의 자동차회사에 납품하여 자동차를 생산하였을 때 소비자들의 반응은 매우 호의적이었다.

특히, 글로벌 기업은 전 세계적으로 원재료 또는 부품을 조달하는데, 이것을 글로벌 소싱(global sourcing)이라고 한다. 글로벌 소싱은 지리적 입지와 관계없이 필요한 자원 및 산출물을 가장 효과적으로 제공할 수 있는 공급자를 전 세계적으로 활용하는 것을 의미한다.[11] 이러한 기업활동은 원재료 및 부품을 필요한 시점에 유리한 가격으로 전 세계에 있는 공급자들로부터 합리적으로 구매하기 위한 관리활동에 기초를 두고 있다.[12]

글로벌 소싱에 있어서 협력관계는 무엇보다도 제조업체와 공급자의 기술적인 공동협력에 중점을 두어야 한다. 이러한 기술적 공동협력은 일반적으로 제조업체가 원재료 및 부품의 생산에 필요한 기술을 공급자에게 제공함으로써 잘 이루어질 수 있다. 경우에 따라서 제조업체와 공급자가 공동으로 기술을 개발하며, 이를 통하여 최종제품의 기술적 표준을 충족시킬 수 있다. 또한 공급자는 제조업체가 필요로 하는 원재료 및 부품을 독자적으로 개발하여 납품할 수 있으며, 이 경우에는 기술개발에 필요한 인적 및 물적 자원을 공급자가 전적으로 부담하여야 한다.[13]

11 Hodgetts/Luthans(2000).
12 조동성(1997), p. 685.
13 박주홍(2004), p. 160 이하.

(4) 구매자

구매자(buyers) 또는 고객은 기업이 만든 제품을 최종적으로 취득하는 역할을 담당하며, 이를 통하여 기업의 매출이 발생한다. 기술적 환경의 관점에서 볼 때, 구매자는 제품에 대하여 그들의 욕구를 표현하며, 이러한 요구사항은 신제품 개발과 제품수정으로 연결되기도 한다.

글로벌 기업의 관점에서 볼 때, 각 국가별 구매자들의 문화적 배경에 따라 그들이 선호하는 제품이 다를 수 있다. 이러한 경우에는 제품차별화가 전략적으로 중요한 의미를 갖게 된다. 제품차별화가 신제품으로 구체화되어야 한다면, 기업은 신제품 개발을 위한 투자를 해야만 한다. 그러나 어떤 기업의 보유자원이 제품차별화를 하는 데 충분치 않다면, 이 기업은 제품표준화를 추구하여야 한다. 제품표준화에서는 원가절감과 품질향상을 위한 공정기술이 제품기술보다 더 중요하게 취급될 수 있다.

(5) 대체품 생산자

*포터*가 산업 내의 경쟁분석에서 논의한 대체품(substitutes)은 기존의 경쟁구도를 바꿀 수 있는 역할을 할 수 있다. 대체품은 기존 제품의 기능, 사용방법 및 효용 등을 다른 기술이나 방법으로 충족시켜주는 제품이다. 이것은 구매자가 어떤 한 종류의 제품이나 서비스를 다른 종류의 제품이나 서비스로 대체하기 때문에 기존 제품이나 서비스의 생산자에게 위협으로 작용할 수 있다.

일반적으로 대체품은 기존 제품보다 기술적으로 우수하거나 새로운 기술 패러다임(technology paradigm)을 가진 제품이기 때문에 더욱 강한 경쟁력을 보유하고 있다. 즉, 대체품은 환경과 기술패러다임의 변화를 반영하여 개발되고 생산되기 때문에 기술집약적인 제품인 경우가 많다. 예를 들면, 기존의 자동차는 휘발유 또는 경유 등과 같은 화석연료를 사용하지만, 대체품은 전기, 태양열 및 수소 등을 연료로 사용하기 때문에 새로운 기술을 개발해야만 한다.

대체품 생산자는 앞서 언급한 것처럼 기술집약적인 제품을 생산할 뿐만 아니라, 경우에 따라서 저렴한 원가의 대체품을 생산하기도 한다. 이 경우에 있어서 대체품 생산자는 원가절감을 위한 공정기술의 개발, 생산성 및 품질 향상 등과 같은 목표를 추구하기도 한다. 예를 들면, 휘발유 또는 경유를 대체할 수 있는 저렴한 자동차 연료로 바이오에탄올 또는 바이오디젤 등을 들 수 있는데, 이러한 대체품들은 식물에서 그 원료를 추출하기 때문에 생산원가가 저렴하지만 정제, 가공 및 생산을 위한 기술개발과 관련하여 많은 연구개발비를 필요로 한다.

3.3 전략적 기술경영의 방법

아래에서 논의되는 전략적 기술경영의 방법들은 기술에 대한 보다 효과적이고 효율적인 의사결정을 지원하는 역할을 한다.

3.3.1 기술 S곡선[14]

기술 S곡선(technology S curve)의 개념은 모든 기술이 어떤 한계점을 갖고 있다는 것에서 출발한다. 〈그림 3−6〉은 기술 S곡선을 제시한다. 이 그림은

---

14 박주홍(2016), p. 134 이하 수정 재인용.

기술 S곡선이 누적적 연구개발비와 관련하여 기술의 효율 또는 기술의 한계
점을 보여준다.[15]

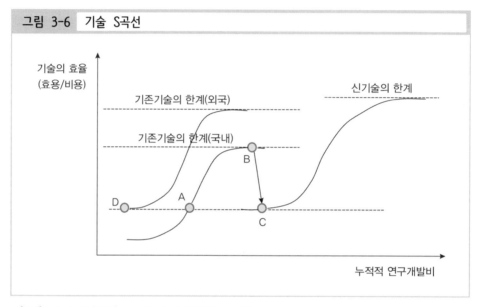

그림 3-6   기술 S곡선

기술의 효율
(효용/비용)

신기술의 한계

기존기술의 한계(외국)

기존기술의 한계(국내)

B

D

A

C

누적적 연구개발비

자료원 : Krubasik(1982), p. 29 ; Perlitz(2004), p. 438.

이 그림에서는 시간이 경과함에 따라 누적적 연구개발비가 증대되고, 어
떤 기술의 효율이 감소한다는 것을 전제로 하고 있다. 그러므로 기업은 보
다 나은 미래의 경쟁우위를 창출하기 위하여 매우 큰 기술적 잠재성을 갖는
어떤 새로운 기술을 어떤 적절한 시점에서 개발해야만 한다.[16]

또한 기술 S곡선을 연구개발의 글로벌화의 관점으로 확대시키면, 앞에서
살펴본 바와 같은 원리에 기초하여 기술 S곡선이 이동된다. 즉, 각 대안에
따라 누적적 연구개발비에 종속적으로 제품기술 또는 공정기술의 효율이 서

---

15 Krubasik(1982), p. 29; Perlitz(1988), p. 49; Wolfrum(1992), p. 26 이하.
16 Perlitz(1988), p. 49; Wolfrum(1992), p. 27.

로 다르게 나타난다.[17] 〈그림 3-6〉에 제시된 기술 S곡선의 이동은 기술개발을 위한 입지(국내 또는 외국)를 결정하고, 기술패러다임(technology paradigm)의 변화시점을 파악하는 데 활용된다. 〈그림 3-6〉에 제시된 각 점들의 위치에 따라 기업은 다음과 같은 기술에 대한 의사결정을 할 수 있다.[18]

- 기술 S곡선 A점에서의 의사결정을 위한 대안
  - 국내에서의 연구개발투자를 계속함 : 기업은 국내에서 연구개발투자를 통하여 관련기술의 효율을 증대시킬 수 있다.
  - 외국에서 기존기술의 연구개발에 투자함 : A점에서 기업은 기존기술의 효율을 증대시키기 위해 D점(외국에서의 기존기술의 연구개발)으로 옮겨갈 수 있다.
  - 국내 또는 외국에서 신기술을 개발함 : A점에서 기업은 신기술 개발을 위해 C점(국내 또는 외국에서의 신기술의 개발)으로 이동할 수 있다.
- 기술 S곡선 B점에서의 의사결정을 위한 대안
  - B점에서 연구개발투자를 계속함 : 이 대안에서는 연구개발비가 지속적으로 증가하나, 기존기술에 대한 개선의 여지가 매우 적다.
  - 더 이상의 연구개발활동을 중지하고 마케팅과 같은 다른 기능영역으로 **중점활동을 옮김** : 이 경우 기업은 마케팅활동을 강화함으로써 계속적으로 자사의 제품시장에서 시장점유율을 어느 정도 유지 또는 확대시킬 수 있으나, 기술개발에 많은 투자를 하는 혁신적인 경쟁자들에 의해 시장경쟁력을 상실할 수 있는 위험을 갖게 된다.

---

17 Brockhoff(1994), p. 133 이하.
18 Perlitz(2004), p. 437 이하.

- B점에서 C점(국내 또는 외국에서의 신기술의 개발)으로 옮겨감 : 이것은 '기술패러다임의 변화'를 의미한다. 즉, 이것은 국내에서 기존기술의 한계에 도달한 기업이 신기술의 개발을 위해 국내 또는 외국에 투자하는 것이다.
- 기존기술의 한계점이 국내보다 높은 외국에서 기존기술의 효율을 증대시키려는 연구개발투자를 계속함 : 이 경우 기존기술의 한계점이 국내보다 높은 장점이 있으나, 신기술의 한계점보다 낮은 수준의 기술이 개발될 수 있는 단점이 있다.

시간이 경과함에 따라 경쟁잠재력의 달성 정도와 관련된 어떤 기술 S곡선을 살펴본다면, 〈그림 3-7〉과 같은 결과를 얻을 수 있다. 이 그림에서는 시간이 경과함에 따라 어떤 기술 S곡선은 선도기술, 핵심기술 및 기초기술 등 세 가지의 기술로 구성되어 있음을 알 수 있다(3.1.1 참고).

그림 3-7 기술 S곡선과 시간경과에 따른 경쟁잠재력의 달성 정도

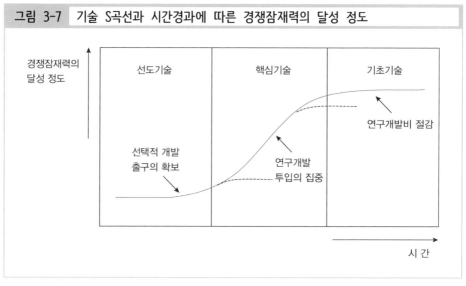

자료원 : Perlitz(1988), p. 50.

〈그림 3-7〉에서는 연구개발비의 지출강도와 관련하여 다음과 같은 세 가지의 전략적 대안을 추론할 수 있다.[19]

- 선택적 개발 및 출구의 확보 : 이 대안은 어떤 기술의 초기개발단계, 즉 선도기술의 단계에 존재한다. 이러한 선도기술은 장기적으로 어떤 산업의 경쟁력에 큰 영향을 미칠 수 있다.
- 연구개발투입의 집중 : 이 대안에서는 기업이 어떤 핵심기술을 갖게 되며, 또한 연구개발투입의 집중을 통하여 다양한 경쟁우위를 달성할 수 있게 한다.
- 연구개발비 절감 : 이 대안에서는 기초기술에 의한 제한적 경쟁우위가 나타나기 때문에 연구개발비의 지출을 감소시키고, 이것을 통하여 확보되는 여유자원을 어떤 새로운 선도기술의 개발을 위해 투자하는 것이 바람직하다.

3.3.2 기술수명주기[20]

기술수명주기(technology life cycle)의 이론은 제품수명주기와 마찬가지로 어떤 기술이 일정한 수명주기를 갖고 있다는 이론이다. 포드와 라이언(*Ford & Ryan*)은 기술수명주기를 다음과 같이 6단계로 분류하였다.[21] 기술수명주기의 관점에서 볼 때, 기술수명주기의 모든 단계에서 기술이 시장에서 판매됨으

---

19 Perlitz(1988), p. 50.
20 박주홍(2016), p. 141 이하 재인용.
21 Ford/Ryan(1983), p. 157; Lang(1990), p. 46 이하.

로써 기업은 기술투자의 수익을 증대시킬 수 있다.

〈그림 3-8〉은 기술수명주기의 단계에 따라 어떤 기술에 대한 시장침투의 경과를 보여준다. 기술판매의 관점에서 기술수명주기의 6단계를 설명하면 다음과 같다.[22]

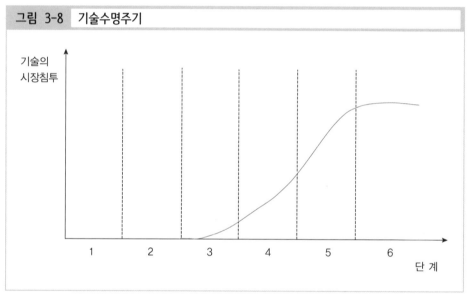

그림 3-8 기술수명주기

자료원 : Lang(1990), p. 46.

(1) 기술개발의 단계

이 단계에서 기업은 '어떤 기술을 더 개발해야만 하는가' 또는 '기술개발을 위해 다른 기업과 협력이 가능한가'에 대한 의사결정문제에 직면한다.

---

22 Ford/Ryan(1983), p. 157.

(2) 응용가능한 기술개발의 단계

이 단계에서는 응용가능한 기술이 개발된다. 기술의 시장화 관점에서 기업은 독자적 사용, 라이선스제공 및 기술의 판매 등과 같은 대안을 갖게 된다. 기업의 글로벌화의 관점에서 볼 때, 이 단계에서 해외에 있는 기업에 라이선스제공과 기술의 판매가 이루어지면 기술을 제공하거나 판매한 기업은 '제품으로서의 기술(technology as a product)'을 해외시장에 판매하는 것이다.

(3) 응용기술 초기의 단계

이 단계에서 기술은 기술 그 자체의 목적을 위해 사용된다. 아울러, 이 단계에서 기업은 제품수정을 통하여, 그리고 수정된 제품을 서로 다른 또는 광범위한 제품영역에 투입함으로써 기술을 더욱 발전시킬 수 있다. 이 단계에서 어떤 기술의 판매는 어떤 해당국가의 정부 및 경제정책에 의해 규제될 수 있다. 예를 들면, 미국의 기술이전금지와 관련된 법률이 여기에 해당된다.

(4) 응용기술 성장의 단계

기술의 수요가 증대되는 단계로서, 기술이 표준화되고 기술의 계속적 개발가능성이 줄어든다. 이 단계에서 기업은 '어떤 기술을 독자적으로 이용할 것인가' 또는 '이것을 다른 기업에 판매할 것인가'에 대한 대안에 직면하게 된다. 기업의 글로벌화의 관점에서 볼 때, 이 단계에서 기술을 수입한 기업은 이 기술을 바탕으로 새로운 기술의 개발가능성을 갖게 된다.

(5) 기술성숙단계

이 단계에서는 기술의 응용이 거의 모두 이루지는 단계로서, 기술을 제공한 기업(판매 또는 수출한 기업)보다 기술을 제공받은 기업(구매 또는 수입한 기업)에 의해 제3의 사용기업에 기술이전이 더욱 저렴하게 이루어진다. 아울러, 기술제공기업의 입장에서 볼 때, 기술을 제공받은 기업이 기술을 제공한 기업보다 더욱 저렴하게 생산을 하는 위험이 존재한다. 그러므로 기술제공기업은 자사의 생산계획에 기술이전이 장기적으로 어떤 영향을 미칠 것인가에 대하여 검토해야만 한다.

(6) 기술쇠퇴단계

이 단계에서는 거의 모든 활용영역에서 기술이 사용되었기 때문에 이 기술의 사용가치가 급속도로 감소되기 시작하고, 시장에서 쇠퇴가 시작된다. 이 단계에서는 라이선스 제공대상으로서의 기술의 의미가 퇴색되기 때문에 새로운 기술을 개발해야만 한다.

3.3.3 기술포트폴리오 매트릭스[23]

기술포트폴리오 매트릭스(technology portfolio matrix)는 기업의 기술적 측면인 기술매력성(technology attractiveness)과 자원강도(resource strength)에 이론적 기초를 두고 있다.[24]

---

23 박주홍(2016), p. 148 이하 재인용.
24 Perlitz(1988), p. 59; Pfeiffer/Dögl/Schneider(1989), p. 486; Pfeiffer et al.(1991), p. 77 이하; Gerpott(2005), p. 154 이하.

기술매력성은 "어떤 기술영역에 내재되어 있는 전략적인 계속적 개발가능성을 추구함으로써 획득할 수 있는 모든 기술적이고 경제적인 이점의 총합(總合)"이다.[25] 기술매력성은 다음과 같은 요인들로 구성되어 있다.[26]

- 계속적 개발잠재성 : 어떤 기술영역에 있어서 계속적 기술개발이 어느 정도 가능하고, 이러한 기술을 통하여 원가절감과 성과향상이 가능한가?
- 응용범위 : 어떤 기술의 투입영역의 수와 각 투입영역별 양의 관점에서 계속적 기술개발의 확대가 가능한가?
- 호환가능성 : 계속적 기술개발을 통하여 기업의 응용기술이 다른 기술에 대하여 긍정적 또는 부정적 영향을 미칠 수 있는가?

또한 자원강도는 다음과 같은 중요한 요인들을 포함한다.[27]

- 지배범위 : 가장 강력한 경쟁기업과 비교할 때, 자사의 기술적, 경제적 및 질적인 해결방안의 영향력은 어느 정도인가?
- 잠재성 : 기술개발을 위하여 재정적, 인적, 물적 및 법적(예를 들면, 특허) 자원의 이용이 가능한가?
- 반응속도 : 경쟁기업과 비교할 때, 자사의 계속적 기술개발 가능성의 반응속도는 어느 정도 빠른가?

---

25 Pfeiffer/Dögl/Schneider(1989), p. 486.
26 전게논문.
27 전게논문.

    앞서 언급한 기술포트폴리오 매트릭스의 두 가지 중요한 요인인 기술매력성과 자원강도에 따라 기업은 자사의 기술에 대한 전략적 위치를 설정할 수 있다. 〈그림 3-9〉는 기업의 기술매력성과 자원강도에 근거하여 여러 가지 전략적 대안들이 제시될 수 있다는 것을 보여준다.

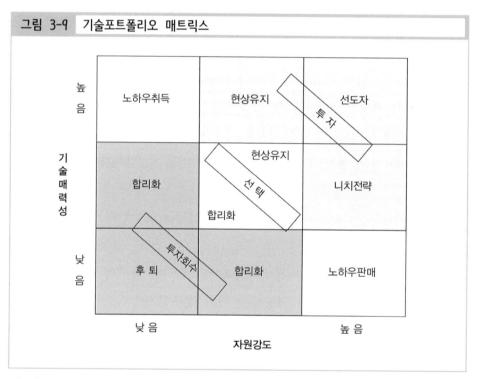

그림 3-9 기술포트폴리오 매트릭스

자료원 : Pfeiffer/Dögl/Schneider(1986), p.122; Perlitz(1988), p. 60.

    〈그림 3-9〉에 의하면 기술매력성과 자원강도의 높고 낮음의 결합 정도에 따라 기업은 투자, 선택 및 투자회수 등과 같은 전략적 대안을 갖게 된다. 어떤 기업의 기술매력성과 자원강도가 모두 높은 경우에는 계속적으로 투자하며, 반대로 이 두 요인의 평가결과가 모두 낮은 경우에는 투자회수를

하게 된다. 또한 어떤 기업의 기술매력성과 자원강도가 모두 중간 정도인 경우에는 투자 또는 투자회수라는 전략적 대안을 두고 선택할 수 있는 위치에 있게 된다.

이러한 전략적 대안은 〈그림 3-9〉에 나타나 있는 바와 같이 9개 영역에서 다음과 같은 7개의 구체적인 전략으로 세분화될 수 있다.

- 선도자 : 기술매력성과 자원강도가 모두 높을 때
- 현상유지 : 기술매력성이 높거나 중간 정도이고, 자원강도가 중간 정도일 때
- 니치전략 : 기술매력성이 중간 정도이고, 자원강도가 높을 때
- 노하우취득 : 기술매력성이 높고, 자원강도가 낮을 때
- 노하우판매 : 기술매력성이 낮고, 자원강도가 높을 때
- 합리화 : 기술매력성과 자원강도가 모두 중간 정도일 때
- 후퇴 : 기술매력성과 자원강도가 모두 낮을 때

*파이퍼(Pfeiffer)*에 의하면 기술포트폴리오 매트릭스의 분석은 다음과 같은 단계로 진행된다.[28]

- 기술의 확인 : 이 단계에서는 전략적 사업영역, 제품집단 또는 제품의 배후에 존재하는 제품 및 공정기술이 확인되어야 한다.
- 기술매력성의 결정 : 앞서 언급한 기준에 따라서 기술매력성의 관점에서 기술이 평가된다. 또한 어떤 기술의 평가를 위해 기술 S곡선과 기술수

---

28 Pfeiffer et al.(1991), p. 80 이하; Welge/Al-Laham(1992), p. 269 이하.

명주기를 사용할 수 있다.

- 자원강도의 확인 : 자원강도의 확인을 위해서는 특별히 재무적 자원 및 기업이 보유하고 있는 특허 등과 같은 노하우가 중요하다.

- 현재 포트폴리오의 작성 : 기업의 현재상황을 명확히 하기 위하여 앞의 기준에 따라 평가된 기술들이 9개 영역의 포트폴리오에 배열된다.

- 기술포트폴리오의 역동화 : 현재 포트폴리오에 따라서 미래의 전략적 방향이 결정된다. 아울러, 기업은 기존의 기술포지션의 완성을 통한 미래의 기회뿐만 아니라, 기존의 기술의 폐기에 의한 미래의 위험도 고려해야만 한다.

- 처리대안의 유도 : 역동화된 기술포트폴리오에서 투자, 선택 및 투자회수 등과 같은 전략들이 유도된다. 이러한 전략들에 기초하여 기업은 어떤 구체적인 전략적 혁신계획(예를 들면, 기술계획)을 수립할 수 있다.

PART

02

혁신경영에 대한 통합적 이해

제2부는 혁신경영에 대한 통합적 이해를 돕기 위하여 다음과 같은 측면들을 다룬다. 제4장에서는 혁신전략에 대하여 논의한다. 제5장에서는 아이디어의 창출, 평가 및 실현 등과 관련된 혁신과정을 검토한다. 제6장에서는 혁신관리과정에 대하여 살펴본다. 여기에서는 혁신을 위한 계획, 조직 및 통제 등과 관련된 관리과정이 체계적으로 논의된다.

혁신전략

CHAPTER 04

CHAPTER 04

혁신전략

4.1 혁신전략의 의의와 종류

4.1.1 혁신전략의 의의

혁신전략(innovation strategy)은 혁신수행을 위한 장기적인 목표를 설정하고, 이러한 목표의 달성에 필요한 인적 및 물적 자원을 배분하는 것을 의미한다. 즉, 이것은 장기적인 관점에서 혁신을 어떻게 수행할 것인가에 중점을 두고 있다. 혁신전략은 다음과 같은 두 가지의 전략적 관점에서 수행될 수 있다.

- 경쟁전략(competitive strategy) : 이것은 기업의 혁신성과의 향상과 관련된 전략이며, 효율(efficiency)의 증대를 목표로 한다. 예를 들면 경쟁전략의 관점에서의 혁신전략은 품질선도자전략, 비용(원가)선도자전략 및 시장선도자전략 등을 말한다(구체적인 내용은 4.1.2 참고).
- 선택전략(selection strategy) : 이것은 혁신선택과 관련된 전략이며, 효과(effectiveness)의 증대를 목표로 한다. 예를 들면, 선택전략의 관점에서의 혁신전략은 기업이 혁신수행을 위하여 전략혁신, 사회적 혁신, 제품혁신 및 공정혁신(서비스 또는 운영에서의 혁신과 관련된 경우, 과정혁신이라고 함) 중에서 특정 종류의 혁신을 전략적으로 선택하는 것을 의미한다.

혁신전략은 다음과 같은 의사결정과 관련하여 중요한 의미를 갖는다.[1]

- 수행하여야 하는 혁신의 종류(예를 들면, 전략혁신, 사회적 혁신, 제품혁신 및 공정혁신 등)와 혁신의 정도
- 수행하여야 하는 혁신전략(예를 들면, 품질선도자전략, 비용(원가)선도자전략 및 시장선도자전략 등)의 선택
- 혁신수행의 시점 결정
- 연구개발의 '직접 수행(make)' 또는 다른 기업이 보유한 연구개발성과의 '구매(buy)'와 관련된 의사결정(제2장, 2.2.1 참고)

---

1 Gelbmann/Vorbach(2003), p. 141.

4.1.2 혁신전략의 종류

아래에서는 혁신전략의 종류를 품질선도자전략, 비용(원가)선도자전략 및 시장선도자전략 등으로 구분하여 살펴보기로 한다.[2] 앞서 논의한 바와 같이 이러한 전략들은 경쟁전략의 관점에서 수립되어야 한다. 즉, 혁신전략을 수행하려는 경우에 있어서 기업은 무엇보다도 경쟁기업과 비교하여 품질향상, 비용절감 및 시장우위 등에서 어떤 강점을 추구할 것인가를 결정하는 것이 중요하다.

품질선도자전략

품질선도자전략(quality leader strategy)은 제품의 품질을 가장 중요한 전략적 성공요인의 하나로 설정하는 전략을 의미한다.[3] 즉, 품질선도자전략은 제품의 품질에 기초한 어떤 기업의 전략을 의미하며, 이러한 전략을 통하여 기업은 다른 경쟁자들에 비하여 품질에 대한 고객의 요구를 보다 잘 충족시킬 수 있다.

제품의 품질을 개선하기 위해서 기업은 제안제도(suggestion system), 품질관리 분임조(quality control circle), 전사적 품질관리(total quality management) 및 개선(kaizen) 등의 방법을 활용할 수 있다. 이러한 방법의 활용을 통하여 기업은 제품의 품질을 개선할 수 있을 뿐만 아니라, 생산원가도 절감할 수 있다. 이러한 방법의 의미에 대하여 간략히 살펴보면 다음과 같다.

---

2 Park(1996), p. 37 이하; 박주홍(2016), p. 125 이하 수정 재인용.
3 Diller/Lücking(1993), p. 1235 이하.

- 제안제도 : 이것은 어떤 기업에서 일하고 있는 모든 종업원들의 창의성을 활용하고 촉진할 수 있는 아이디어창출을 위한 방법이다. 즉, 종업원들은 자신이 일하는 작업현장에서 품질개선 또는 품질향상과 관련된 제안을 할 수 있다.

- 품질관리 분임조 : 이것은 품질문제를 토의하고, 문제해결방안을 추천하고, 개선을 추구하기 위하여 작업시간 동안 또는 작업시간 이후에 자발적이고 규칙적인 모임을 갖는 동일 작업영역 소속의 종업원들로 구성된 소규모 작업집단이다.[4] 무엇보다도 품질관리 분임조에서는 종업원들의 품질의식이 확보되어야만 성공적인 개선이 이루어질 수 있다.

- 전사적 품질관리 : 이것은 어떤 공정의 개선 또는 제품의 품질개선을 위해서 지속적이고 단계적인 계획-실행-검토-행동 사이클(plan-do-check-act-cycle)에 근거를 둔 전사적이고 연속적인 개선을 의미한다.

- 개선 : 이것은 전사적 품질관리의 관점에서 접근하는 품질개선의 방법을 말한다. 특히, 일본기업은 전사적 품질관리를 개선이라는 독특한 방법으로 발전시켰다. 개선을 통하여 일본기업들은 다른 국가의 기업에 비해 제품의 품질 및 공정의 개선과 관련된 목표 및 생산성향상의 목표를 더욱 잘 달성할 수 있었다. 품질선도자전략의 관점에서 볼 때 개선은 품질향상을 위한 성공적인 방법으로 평가되고 있다.

---

4 Domsch(1985), p. 428; Deppe(1986), p. 15 이하; Nütten/Sauermann(1988), p. 174 이하; Buntenbeck(1991), P. 77; Urban(1993), p. 54.

비용(원가)선도자전략

비용(원가)선도자전략(cost leader strategy)은 경쟁자보다 더욱 낮은 비용(원가)에 기초하여 비용우위를 추구하는 전략이다.[5] 이러한 전략을 통하여 기업은 자사가 속한 산업부문 내에서 비용을 가장 저렴하게 생산하려고 한다.

비용(원가)을 절감시키기 위하여 기업은 앞서 설명한 제안제도, 품질관리분임조, 전사적 품질관리 및 개선 등의 방법을 활용할 수 있다. 이러한 방법에 대하여 이미 설명하였기 때문에 여기에서는 논의하지 않기로 한다. 아래에서는 비용(원가)절감을 위해 활용될 수 있는 목표원가법(target costing), 규모의 경제(economies of scale) 및 범위의 경제(economies of scope)의 의미에 대하여 살펴보기로 한다.

- 목표원가법 : 이 방법은 1965년 토요타(Toyota)사에 의해 개발되었고 1970년대 이후부터 지금까지 많은 일본기업들이 원가절감을 위해 사용하고 있는 방법이다.[6] *사쿠라이(Sakurai)*는 목표원가법을 "어떤 제품의 총원가를 제품수명주기 전체에 걸쳐 생산, 조립, 연구개발, 마케팅 및 컨트롤링 등의 기능영역에 관련시킴으로써 원가절감을 하려는 원가관리의 도구"로 정의하였다.[7] 원가절감은 기업 전체에 걸친 과제이기 때문에 원가절감을 위해서 기업의 모든 기능영역들이 협력하는 것이 중요하다.

---

5 Porter(1986), p. 32 이하.

6 Horváth/Niemand/Wolbold(1993), p. 3.

7 Sakurai(1989), p. 41.

- **규모의 경제** : 이것은 투입규모가 커질수록 장기 평균비용이 줄어드는 현상을 말하며 생산량을 증가시킴에 따라 평균비용이 감소하는 현상을 의미한다. 즉, 기업은 원가절감을 위해 대량생산을 함으로써 원가를 절감시킬 수 있다.
- **범위의 경제** : 이것은 기업이 두 가지 이상의 제품을 함께 생산할 경우, 두 가지를 각각 따로 생산하는 경우보다 생산비용이 적게 드는 현상을 말한다. 또한 글로벌 기업의 관점에서 볼 때, 기업이 제품기술, 마케팅 및 기술노하우 등을 여러 국가 또는 지역에서 활동하는 자회사들과 공유한다면 효율을 증대시키는 범위의 경제효과가 달성될 수 있다.

시장선도자전략

시장선도자전략(market leader strategy)은 기업이 어떤 제품시장에서 높은 시장점유율을 추구하는 전략이다. 어떤 기업의 시장선도는 경쟁자에 비해 보다 높은 시장점유율의 유지, 가격변경에 있어서의 선도적 지위, 신제품, 탁월한 유통구조 및 판매촉진 등에 기초한다.[8] 혁신의 관점에서 이 전략은 제품혁신을 통한 전체 시장의 확대 및 원가절감적인 생산을 통한 시장점유율의 확대 및 경쟁자보다 우수한 제품의 품질유지 등을 통하여 추구될 수 있다.[9]

---

8 Kotler/Bliemel(1992), p. 598.

9 전게서, p. 598 이하.

시장선도자전략을 성공적으로 실행하기 위해서 기업은 어떤 혁신적이고 원가가 저렴한 제품을 생산해야만 한다. 기업이 경쟁자에 대항하여 어떤 지속적인 경쟁우위를 확보하고 유지하기 위해서는 품질선도자전략과 비용(원가)선도자전략을 시장선도자전략과 병행하여 실행할 수도 있다. 품질선도자전략과 비용(원가)선도자전략은 시장선도자전략의 한 구성요소로 파악될 수 있기 때문에 제품의 품질을 개선하고 원가를 절감하기 위하여 기업의 모든 기능영역(예를 들면, 핵심적 기능영역으로 연구개발, 마케팅 및 생산)은 협력하는 것이 바람직하다. 나아가 이러한 협력과 병행하여 마케팅부서는 시장선도자의 지위를 확보하기 위해 어떤 적절한 마케팅 믹스전략(marketing mix strategy)을 개발해야만 한다.

아래에서는 시장선도자전략의 수행에 결정적인 영향을 미칠 수 있는 차별화전략(differentiation strategy)에 대하여 간략히 논의하기로 한다. 시장선도자전략의 성공에 영향을 미칠 수 있는 품질선도자전략과 비용(원가)선도자전략과 관련된 방법들은 앞서 설명하였기 때문에 여기에서는 이에 대한 설명을 하지 않기로 한다.

- **차별화전략**：이것은 차별화된 제품이나 서비스의 제공을 통해 그 기업이 속한 산업에서 특별하다고 인식될 수 있는 가치를 창출함으로써 경쟁우위를 달성하고자 하는 전략이다. 마케팅의 관점에서 볼 때, 차별화는 마케팅 믹스의 주요 구성요소인 제품(product), 가격(price), 유통(place) 및 촉진(promotion) 등과 같은 4P에서의 차별화를 의미한다.

4.2 혁신전략의 수립과정

　기업에 따라 혁신전략을 수립하는 과정이 다를지라도 대체로 다음과 6단
계의 과정을 거쳐서 혁신전략이 도출되고 실행된다. 이러한 과정은 반드시
순서적으로 이루어지는 것은 아니다. 예를 들면, 전략적 환경분석과 전략적
사업분석은 동시에 이루어질 수도 있고, 일정 기간의 시차를 두고 각각 이
루어질 수도 있다. 〈그림 4-1〉은 혁신전략의 수립과정을 보여준다.

그림 4-1　혁신전략의 수립과정

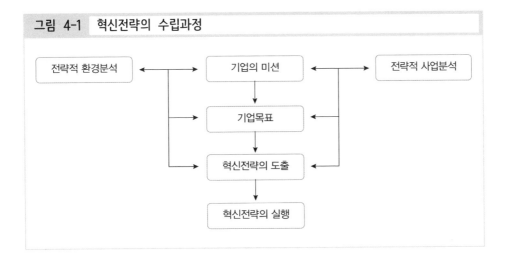

4.2.1 기업의 미션과 목표의 설정

(1) 기업의 미션 설정[10]

혁신전략뿐만 아니라 기업전략을 수립하기 위하여 기업은 기업의 목적, 가치관 및 방향 등을 규정한 미션(mission)을 설정하여야 한다. 일반적으로 미션은 경영철학과 경영이념 등과 동의어로 사용되기도 한다. 미션을 설정함으로써 기업의 전략적 방향과 관련된 내부적 및 외부적 구성원과 이해관계자와의 커뮤니케이션이 원활하게 이루어질 수 있다. 미션은 다음과 같은 요소들을 포함하고 있다.[11]

- 기업의 목표고객과 시장
- 주요 제품 또는 서비스
- 지리적 범위
- 핵심기술
- 기업의 생존
- 성장 및 수익성에 대한 계획
- 기본철학
- 바람직한 대중적 이미지

이와 같은 미션의 요소들을 결합하여 기업은 시장에서 추구하려는 미션을 슬로건 또는 문장으로 표현한다. 예를 들면, 삼성의 미션(경영이념)은 '인

---

10 박주홍(2018), p. 172 이하 수정 재인용.
11 Griffin/Pustay(2007), p. 312.

재와 기술을 바탕으로 최고의 제품과 서비스를 창출하여 인류사회에 공헌하는 것'으로 설정되어 있다.[12] 경우에 따라서 미션은 추상적으로 표현되기도 한다. 그러므로 성공적인 혁신전략을 수립하기 위해서 기업은 추상적인 미션을 구체적으로 해석할 필요가 있다.

(2) 기업목표의 설정

기업은 통제 불가능한 환경요인의 분석(전략적 환경분석)을 통하여 기회(opportunity)와 위협(threat)을 파악하고, 통제 가능한 기업의 내부적 상황을 평가(전략적 사업분석)하여 강점(strength)과 약점(weakness)을 확인한 후 혁신전략을 수립한다. 기업의 목표는 기능영역별 전략실행을 통하여 달성될 수 있으며, 이러한 기능영역은 마케팅, 인사·조직, 생산 및 운영, 재무·회계, 그리고 연구개발 등으로 구성되어 있다.[13] 기업목표는 다음과 같은 구체적인 목표의 달성을 위해 수립되어야 한다.[14]

- 수익성
- 시장점유율
- 시장성장
- 장기적 발전

---

12 http://www.samsung.co.kr/samsung/philosophy/idea.do.
13 박주홍(2018), p. 228 이하.
14 박주홍(2012), p. 398.

4.2.2 전략적 환경분석[15]

일반적으로 전략적 환경분석은 기업이 활동하고 있거나, 또는 활동하려는 전 세계의 수많은 국가 및 지역을 대상으로 이루어지며, 기회와 위협을 확인할 목적으로 수행된다. 특정 시장에 대한 환경분석은 국가 및 지역의 선정, 환경의 분류, 환경의 분석, 환경변화의 예측, 그리고 분석결과의 도출과 전략적 활용 등과 같은 과정을 거친다. 이러한 분석을 위하여 활용되는 방법들은 다음과 같이 요약될 수 있다.[16]

- PEST 분석(PEST analysis) : 이것은 기업이 통제할 수 없는 정치적·법적(political-legal), 경제적(economic), 사회문화적(sociocultural) 및 기술적(technological) 환경요인의 분석에 초점을 두고 있다. 이러한 분석의 결과는 혁신전략의 수립에 있어서 기회 및 위협요인으로 고려된다. 이 분석에서는 각각의 PEST 환경요인들의 하위요소 또는 항목들이 평가의 대상이 된다. 그러므로 평가자는 기업의 전략과 목표 등을 고려하여 평가항목을 선정하여야 한다.[17]
  - 정치적·법적 환경요인 : 정치적 안정성, 무역정책 및 규제, 경쟁관련법, 무역관련법, 노동 및 고용관련법, 조세법 등
  - 경제적 환경요인 : 경제성장률, 국민 총생산, 1인당 국민소득, 환율, 인플레이션, 금리 및 통화정책 등

---

15 박주홍(2018), p. 174 이하 수정 재인용.
16 박주홍(2009), p. 189 이하.
17 박주홍(2012), p. 227.

- 사회문화적 환경요인 : 인구통계적 변수, 소득분포, 교육수준, 생활양식, 가치관 등
- 기술적 환경요인 : 정부의 연구개발 지원정책 및 지원투자, 과학기술정책, 기술이전, 새로운 발명 및 개발, 국내외 특허보유건수, 산업클러스터의 존재 등

- 경쟁요인 분석(competitive forces analysis) : 이것은 기존기업 간의 경쟁, 잠재적 진출기업의 위협, 공급자의 교섭력, 구매자의 교섭력 및 대체품의 위협 등과 같은 포터가 제시한 5개의 경쟁요인을 대상으로 수행된다.[18] 이 분석에서 사용되는 5개의 요인 중에서 잠재적 진출기업의 위협, 기존기업 간의 경쟁 및 대체품의 위협 등과 같은 3개의 경쟁요인은 '경쟁'에 영향을 미치는 요인이며, 공급자의 교섭력 및 구매자의 교섭력 등과 같은 2개의 경쟁요인은 '협력'에 영향을 미치는 요인이다. 특히, 이 분석은 기업이 진출하려는 국가의 관련산업의 경쟁력을 파악하는 데 많은 도움을 줄 수 있다.

- 시나리오 분석(scenario analysis) : 이것은 현재의 기업상황에 영향을 미칠 수 있는 대안적인 미래의 시나리오를 작성하여 의사결정에 이용하는 방법이다[19] 이 방법에서는 혁신전략의 수립에 영향을 미칠 수 있는 기업 내부적 및 기업 외부적인 정보가 수집되며, 수집된 정보는 시나리오에 요약된다. 이 분석을 통하여 서로 다른 미래의 전개상황이 검토될 수 있고, 각 상황별로 대안이 제시될 수 있다.

---

18 Porter(1980).
19 박주홍(2007), p. 116 이하.

4.2.3 전략적 사업분석[20]

전략적 사업분석은 다음과 같은 방법을 통하여 수행될 수 있다. 이러한 방법들을 활용하여 기업은 그들이 갖고 있는 강점과 약점을 구체적으로 파악할 수 있다.

Better-Cheaper 매트릭스

Better-Cheaper 매트릭스(Better-Cheaper matrix)는 어떤 기업이 판매하는 특정 제품의 품질수준(better quality, Y축)과 가격(cheaper price, X축)을 경쟁자의 그것들과 비교하여 전략의 수립방향을 제시하는 방법이다. 아래에서는 이러한 두 가지 축을 바탕으로 8개의 전략적 대안들이 제시된다.[21] 〈그림 4-2〉는 Better-Cheaper 매트릭스를 보여준다.

- 품질선도자전략(quality leader strategy) : 고가/고품질
- 가격대비 우수품질전략(best price/outcome ratio strategy) : 동일가격/고품질
- 세계챔피언전략(world champion strategy) : 저가/고품질
- 소망과 기도자전략(hope and prayer strategy) : 고가/동일품질 또는 동일가격/저품질
- 교착전략(stalemate strategy) : 동일가격/동일품질

---

20 박주홍(2012), p. 234 이하 수정 재인용.
21 Perlitz Strategy Group(2009b), p. 17.

- 저가 동일가치전략(same value for less money strategy) : 저가/동일품질
- 패배자전략(loser strategy) : 고가/저품질
- 싸구려전략(bargain-basement strategy) : 저가/저품질

그림 4-2 Better-Cheaper 매트릭스

품질경쟁변수(Better)

	가격이 더 비쌈	같 음	가격이 더 쌈
더 좋음	품질선도자 전략	가격대비 우수품질 전략	세계챔피언 전략
같 음	소망과 기도자 전략	교착전략	저가 동일가치 전략
더 나쁨	패배자 전략	소망과 기도자 전략	싸구려 전략

가격경쟁변수(Cheaper)

자료원 : Perlitz Strategy Group(2009b), p. 17.

〈그림 4-3〉은 Better-Cheaper 매트릭스의 활용사례를 보여준다. 이 그림에 나타나 있는 X축은 경쟁자와 비교한 가격(%)이며, Y축은 품질수준이다. 이 매트릭스에는 A기업과 경쟁업체인 B기업의 위치가 각각 표시되어 있으며, 원의 크기는 매출액의 규모를 의미한다. 이 활용사례에 의하면, A기업의 가격, 품질수준 및 매출액은 경쟁업체인 B기업보다 상대적으로 불리하다.

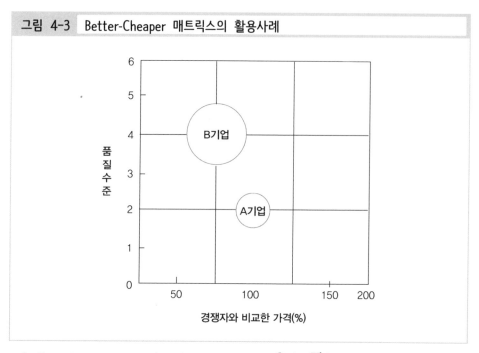

그림 4-3 Better-Cheaper 매트릭스의 활용사례

자료원 : Perlitz Strategy Group(2009a), Data Analysis by *StrategyPilot*, Demo Version.

BCG 매트릭스

기업은 사업영역계획을 위한 전략을 개발하기 위하여 사업영역포트폴리오를 이용하여 특정 사업영역상에서의 자사의 시장위치를 분석할 수 있다.[22] 가장 널리 알려진 사업영역포트폴리오는 보스턴컨설팅그룹(Boston Consulting Group)이 개발한 시장성장-시장점유율 매트릭스이며, 이것은 GE의 다각화 사업평가를 위해 처음으로 사용되었다. BCG 매트릭스(BCG matrix)에서는 두

---

22 Litke(1993), p. 50; 사업영역은 '경쟁의 상황에서 어떤 기업의 전략적 사업단위의 위치를 정하려는 영역 또는 공간'을 의미한다(Specht/Michel(1988), p. 503); 박주홍(2007), p. 117 이하 재인용.

가지 기준, 즉 시장성장(또는 현금유출)과 상대적 시장점유율(또는 현금유입)이 고려된다. 〈그림 4-4〉는 BCG 매트릭스를 보여준다. 이 매트릭스는 다음과 같은 네 가지 서로 다른 전략적 사업영역을 갖고 있다.[23] 괄호 속에 표시된 수치는 각 사업영역의 바람직한 매출액비율이다.

- Question Marks(Babies) : 이 사업영역에서는 제품수명주기의 도입기에 있고, 상대적 시장점유율이 1보다 작은 사업영역과 관련되어 있다(최소 10%). 상황에 따라 증대전략(build), 수확전략(harvest)과 철수전략(divest) 또는 청산전략(liquidate)을 선택적으로 추구할 수 있다.
- Stars : 이 사업영역은 제품수명주기의 성장기에 있다. 또한 높은 시장성장과 1보다 큰 상대적 시장 점유율을 갖고 있다(30% 내외). 유지전략(hold)과 증대전략(build)을 사용한다.
- Cash Cows : 이 사업영역은 제품수명주기의 성숙기에 있고, 1보다 큰 상대적 시장점유율을 갖고 있다(40~50%). 유지전략(hold)을 선택한다.
- Dogs : 이 사업영역은 제품수명주기의 쇠퇴기에 있고, 1보다 작은 상대적 시장점유율을 갖고 있다(10~20%). 수확전략(harvest)과 철수전략(divest) 또는 청산전략(liquidate)을 추구한다.

---

23 Nieschlag/Dichtl/Hörschgen(1988), p. 875 이하; Perlitz(2004), p. 45; 상대적 시장점유율은 일반적으로 어떤 한 기업의 시장점유율과 그 기업의 가장 강력한 3개의 경쟁기업과의 시장점유율을 비교한 값으로 결정된다.

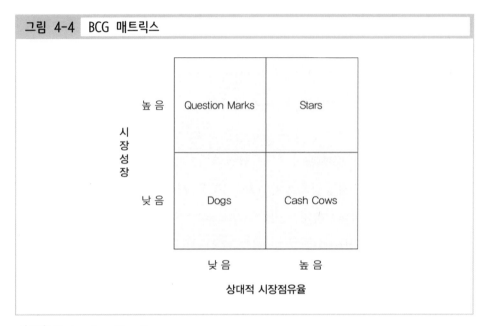

그림 4-4 BCG 매트릭스

자료원: Boston Consulting Group.

전략의 관점에서 볼 때, BCG 매트릭스상의 네 가지 사업영역은 다음과 같은 서로 다른 의미를 갖는다.

'Question Marks(Babies)'의 사업영역에 있어서 일반적으로 기업은 성공적인 신제품을 시장에 도입하기 위하여 막대한 연구개발자금을 필요로 한다. 'Stars'의 사업영역에 있어서는 생산원가를 계속적으로 낮추는 것이 필요하다. 이러한 관점에서 생산계획과 공정혁신이 중요한 의미를 갖는다. 'Cash Cows'에 해당되는 사업영역을 위해서 기업은 마케팅활동에 자금을 투자하는 것이 바람직하다. 또한 이 사업영역에서 획득된 이윤은 신제품 개발을 위한 자금으로 활용되어야 한다.[24] 'Dogs'의 사업영역은 낮은 시장성장과

---

24 Perlitz et al.(1995), p. 26.

낮은 상대적 시장점유율을 나타내기 때문에 장기적 관점에서 볼 때, 포트 폴리오로부터 제거하는 것이 의미가 있다. 즉, 이 사업영역의 투자회수가 필요하다.[25]

GE 매트릭스

GE 매트릭스(General Electric matrix)는 사업부강점(business unit strength)을 X축으로, 산업매력도(industry attractiveness)를 Y축으로 설정하여 기업의 전략적 사업영역을 분석하는 도구이다. 이것은 GE의 다각화사업을 전략적으로 평가하기 위하여 맥킨지(McKinsey)에 의하여 개발되었기 때문에 GE/맥킨지 매트릭스라고도 한다.[26] GE 매트릭스의 두 가지 축을 각각 살펴보면 다음과 같다.

- 사업부강점(또는 기업경쟁력) : 시장점유율, 시장점유율의 성장, 브랜드 강점, 수익성, 유통경로의 접근가능성, 생산용량 등
- 산업매력도(또는 시장매력도) : 시장규모, 시장성장률, 수요가변성, 시장 수익성, 산업라이벌 관계, 글로벌 기회, 거시적 환경요인(PEST) 등

〈그림 4-5〉는 GE 매트릭스를 제시한다. 이 매트릭스에 나타나 있는 9개의 전략을 구체적으로 설명하면 다음과 같다.

---

25 Nieschlag/Dichtl/Hörschgen(1988), p. 879.
26 Collins/Montgomery(1999), p. 1 이하.

- 투자/성장전략(invest/growth) : 성장, 선도적 위치구축 및 투자극대화
- 선택적 성장전략(selective growth)(1) : 세분시장별 시장선도자의 잠재성 평가, 자사의 약점파악 및 강점추구
- 선택적 성장전략(2) : 성장 가능한 세분시장 확인, 투자증대 및 유지전략

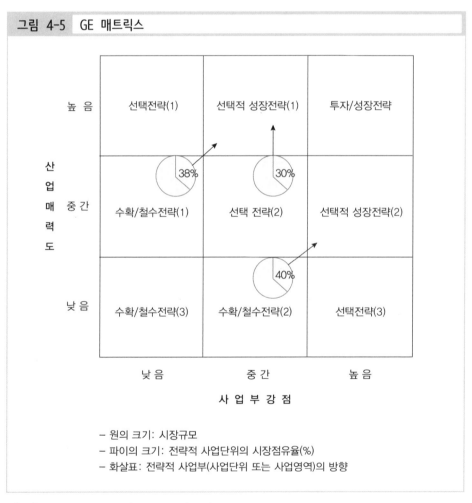

그림 4-5 GE 매트릭스

자료원 : McKinsey; Collins/Montgomery(1999).

- 선택전략(selection)(1) : 사업부특화, 틈새시장공략 및 인수전략
- 선택전략(2) : 성장 가능한 세분시장의 확인, 사업부특화 및 선택적 투자
- 선택전략(3) : 유지전략, 현금흐름관리 및 유지전략을 위한 투자
- 수확/철수전략(harvest/divest)(1) : 사업부특화, 틈새시장공략 및 시장철수
- 수확/철수전략(2) : 제품라인의 강화, 투자최소화 및 청산조직의 구성
- 수확/철수전략(3) : 시장철수 또는 청산시점의 결정

4.2.4 혁신전략의 도출과 실행

(1) 혁신전략의 도출

혁신전략은 앞에서 살펴본 전략적 환경분석 및 전략적 사업분석을 통하여 각각 확인된 기회와 위협, 그리고 강점과 약점에 근거하여 도출(수립)된다. 혁신전략의 수립을 위해 활용할 수 있는 대표적인 방법은 SWOT 분석(SWOT analysis)이며, 이를 통하여 혁신전략이 도출될 수 있다.[27]

SWOT 분석에서는 전략적 환경분석(외부요인)에서 도출한 기회와 위협, 그리고 전략적 사업분석(내부요인)에서 파악한 강점과 약점을 하나의 매트릭스에 결합하여 기업의 총체적 상황을 평가하고, 이를 기초로 하여 혁신전략을 수립하게 된다.

〈표 4-1〉은 SWOT 매트릭스를 보여준다. 이 표에는 SO전략, WO전략, ST전략 및 WT전략 등과 같은 4개의 전략적 대안들이 제시되어 있다.

---

27 David(1989), p. 209 이하; 박주홍(2009), p. 201 이하 수정 재인용.

표 4-1	SWOT 매트릭스	
외부요인 　＼　 내부요인	강 점(S)	약 점(W)
기 회(O)	강점사용-기회활용 SO전략	약점극복-기회활용 WO전략
위 협(T)	강점사용-위협회피 ST전략	약점극복-위협회피 WT전략

자료원: Weihrich(1982), p. 60.

(2) 혁신전략의 실행

혁신전략은 전략혁신, 사회적 혁신, 제품혁신 및 공정혁신 등을 각각 추구하려는 기업의 관련조직 또는 부서에 의해 실행되며, 이를 통하여 기업의 혁신목표가 달성될 수 있다. 예를 들면, 제품혁신은 연구개발부서에서 주로 실행이 되며, 반면에 공정혁신은 생산부서에서 실행되는 경우가 많다. 성공적인 혁신전략의 실행을 위해서 다음과 같은 측면들이 중요하게 고려되어야 한다.

- 혁신을 추구하는 조직의 효율성 증대
- 혁신을 추구하는 관련조직 간의 원활한 커뮤니케이션
- 혁신성과에 대한 지속적인 피드백(통제)
- 연구개발의 글로벌화 관점에서 본사와 자회사, 자회사와 자회사 간의 글로벌 시너지 창출

혁신과정

CHAPTER 05

CHAPTER 05

혁신과정

5.1 **아이디어창출의 단계**

5.1.1 아이디어창출의 의의

모든 혁신은 어떤 새로운 아이디어에서 출발한다. 그러므로 아이디어창출은 혁신의 수행을 위한 기본적 전제조건이라고 할 수 있다. 앞서 설명한 바와 같이 혁신과정은 아이디어창출, 아이디어평가 및 아이디어실현 등과 같은 3단계로 구성되어 있다(제1장, 1.3.2참고). 일반적으로 혁신의 성공을 위해 가장 중요한 단계는 많은 인적 및 물적 자원이 투입되는 아이디어실현의 단계라고 볼 수 있다. 하지만 아이디어창출과 평가의 과정을 거치지 않고 수행되는 혁신은 체계적인 혁신과정을 거친 혁신에 비해 그 효과 또는 효율이 떨어질 가능성이 높다.

아이디어창출(idea generation)의 단계에서의 주요 고려사항을 살펴보면 다음과 같다.

- 수행하여야 할 혁신의 종류에 대한 이해 : 전략혁신, 사회적 혁신, 제품혁 신 및 공정혁신 등과 같은 4대 혁신(제1장, 1.1.2 참고) 중에서 어떤 혁신 을 추구하는가에 따라 아이디어창출의 원천이 달라질 수 있다.
- 다양한 아이디어창출의 원천의 활용 : 아이디어는 기업 내부적 및 외부적 으로도 창출될 수 있으므로 혁신을 수행하려는 기업은 다양한 아이디 어창출의 원천을 활용하는 것이 바람직하다. 무엇보다도 아이디어창 출의 단계에서는 가능한 한 많은 아이디어들이 창출되어야 한다.

혁신의 수행을 위해 요구되는 아이디어는 일련의 과정을 거쳐 창출되어 야 한다. 이러한 아이디어창출의 과정은 〈그림 5-1〉에 제시되어 있다. 이 그림에 제시되어 있는 것처럼 새로운 아이디어창출을 위하여 목표(어떤 혁신 목표를 수립하였는가?) 및 방법(어떤 방법으로 혁신을 달성하려고 하는가?)과 관련된 정보수집이 중요하다는 것을 알 수 있다. 아이디어평가 및 실현의 단계와 비교해 볼 때, 아이디어창출의 단계에서는 정보의 불확실성이 높은 경향이 있기 때문에 아이디어창출을 위한 정보수집에 있어서 주의가 요구된다.[1]

---

1 박주홍(2016), p. 201 이하.

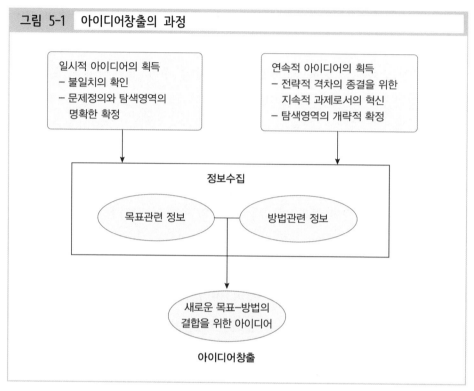

그림 5-1 아이디어창출의 과정

자료원 : Herstatt/Lüthje(2005), p. 268.

5.1.2 아이디어창출의 원천

기업 내부적 아이디어창출의 원천[2]

(1) 직원(종업원)

혁신을 위한 아이디어는 기업에서 일하는 모든 직원(근로자, 관리자 모두를 포괄함)으로부터 창출될 수 있다. 또한 직원들이 근무하는 부서별(예를 들면,

2 Vahs/Burmester(2005), p. 147 이하.

연구개발, 마케팅, 생산, 인사, 기획 등)로 혁신을 위한 아이디어가 창출될 수 있다. 혁신에 필요한 다양한 아이디어를 획득하기 위해서는 직원들의 창의성을 개발하는 것이 매우 중요하다.

(2) 기업의 보유자료

기업이 보유한 각종 자료(연구개발 보고서, 부서별 계획관련 보고서, 경쟁업체 분석 보고서, 시장조사 보고서, 품질보고서, 고객 불만사항 및 판매 후 서비스 관련 자료 등)는 아이디어를 창출하기 위하여 유용하게 활용될 수 있다. 기업의 정보시스템을 통하여 이러한 자료를 전 직원들이 공유한다면, 혁신을 추구하는 특정 부서의 직원들은 이러한 자료를 활용하여 다양한 아이디어를 창출할 수 있다.

기업 외부적 아이디어창출의 원천[3]

(1) 출판물

기업 외부에서 발간되거나 공표된 출판물은 혁신의 위한 다양한 아이디어를 제공할 수 있다. 예를 들면, 이러한 출판물은 각종 국내외 통계자료, 상공회의소 발간자료, 각종 산업협회의 보고서, 각종 연구소 또는 연구기관의 보고서, 대학의 학위논문 및 연구보고서, 전문서적, 학술지(학술논문), 다른 기업의 보고서, 박람회 카탈로그 및 전시회 카탈로그 등이다.

---

3 전게서, p. 160 이하.

(2) 특 허

다른 기업이 보유한 특허(국내 및 국제특허)는 혁신을 위한 아이디어의 원천이 될 수 있다. 즉, 혁신을 추구하려는 기업은 다른 기업이 보유한 특허를 분석함으로써 새로운 아이디어를 얻을 수 있을 뿐만 아니라, 그 기업이 보유한 특허를 취득(예를 들면, 기술, 노하우 등과 같은 라이선스 취득)할 수도 있다.

(3) 경쟁업체

기업은 경쟁업체가 어떤 혁신을 수행하고 있는지를 분석함으로써 혁신을 위한 아이디어를 창출할 수 있다. 즉, 경쟁업체의 신제품 개발성과, 경쟁업체가 생산하는 특정 제품의 시장점유율, 경쟁업체의 특허등록 실적 등은 아이디어를 창출을 위한 훌륭한 자극제가 될 수 있다. 무엇보다도 기업은 현재의 실제적인 경쟁업체뿐만 아니라 미래의 잠재적인 경쟁업체를 동시에 분석하는 것이 중요하다.

(4) 공급업체

공급업체는 제품혁신과 공정혁신의 성과에 직접 또는 간접적으로 영향을 미칠 수 있는 부품 또는 원재료를 생산하기 때문에 기업의 중요한 혁신 파트너로 인식될 필요가 있다. 예를 들면, 공급업체는 기업이 생산하려는 신제품의 주요 부품에 대한 기술적 아이디어를 제공할 수 있다.

(5) 고 객

고객은 기업의 가장 중요한 아이디어창출의 원천이다. 특히, 소비재의 경우에 있어서 고객이 원하는 제품이 무엇인가를 확인하기 위해서 기업은 고객으로부터 이와 관련된 정보를 수집하여야 한다. 일반적으로 이러한 정보 수집은 시장조사 또는 마케팅조사의 형태로 이루어진다.

5.1.3 아이디어창출의 방법

아래에서는 아이디어창출의 방법으로써 가장 널리 사용되는 창의성 기법 (creativity technique)인 브레인스토밍과 브레인라이팅에 대하여 간략히 살펴보 기로 한다.[4]

브레인스토밍(brainstorming)

1930년대 말 미국의 광고전문가인 *오스본(Osborn)*에 의하여 개발된 브레인스토밍은 가장 잘 알려져 있고, 가장 널리 사용되는 집단적 아이디어창출의 방법이다.[5] 브레인스토밍에서는 가능한 한 많은 아이디어가 창출되어야 하며, 많은 혁신적인 문제해결방안들이 제시되어야 한다. 브레인스토밍은 서로 다른 전문분야에서 선발된 5~12명으로 구성되어 있으며, 1명의 진행자가 아이디어창출 과정에서 사회자 역할을 담당한다.[6] 일반적으로 브레인스토밍을 위한 모임 또는 회의는 30분에서 1시간 정도가 소요된다. 무엇보다도 짧은 시간 동안 되도록 많은 아이디어가 구두로 창출되어야 한다. 아이디어들이 창출된 후에 이들 아이디어들은 계속적인 개발과정 및 평가과정을

4 박주홍(2016), p. 213 이하 수정 재인용.

5 Schlicksupp(1977), p. 75; Geschka(1983), p. 171; Schlicksupp(1983), p. 62; Nütten/Sauermann (1988), p. 191; Hauschildt(1993), p. 252.

6 Brommer(1990), p. 23; Hauschildt(1993), p. 252.

거치게 된다.

브레인스토밍에서는 다음과 같은 네 가지 전제조건이 있다.[7]

- 브레인스토밍을 수행하는 동안에는 어떤 비판(특히, 부정적인 비판)도 금지되어야 한다. 왜냐하면 이러한 비판이 아이디어창출 과정에서 참가자들의 자발성을 저해할 수 있기 때문이다. 그러나 아이디어평가 단계에서는 관련아이디어에 대한 비판이 가능하다.
- 자유로운 연상이 명문화되어야 한다. 아이디어가 거칠수록 더욱더 좋다(The wilder the ideas, the better).[8] 브레인스토밍에 참여한 모든 구성원들은 가능한 한 많은 문제해결방안을 창출하기 위하여 그들의 생각을 자유롭게, 방해받지 않고 표출하여야 한다.
- 표출된 모든 생각들은 참가자들에 의하여 공유되고, 경우에 따라서 이러한 생각들이 조합되어야 한다. 새로운 아이디어들의 공유와 조합과정을 통하여 가끔 혁신적인 결과들이 도출되기도 한다.
- 모든 참가자들은 가능한 한 많은 아이디어들을 창출하여야 한다. 아이디어가 많을수록 더욱더 좋다(The more ideas, the better).[9]

브레인라이팅(brainwriting)

브레인라이팅은 개념적으로 볼 때 브레인스토밍에 그 근거를 두고 있다. 이 방법은 브레인스토밍과 마찬가지로 연상(association of ideas)에 기초하여

---

7 Osborn(1966), p. 151 이하; Schlicksupp(1977), p. 62; Schlicksupp(1983), p. 75; Holt(1988), p. 157; Brommer(1990), p. 23 이하; Hauschildt(1993), p. 253.
8 Osborn(1966), p. 151; Hauschildt(1993), p. 253.
9 Osborn(1966), p. 151; Hauschildt(1993), p. 254.

아이디어를 창출한다. 이 방법의 명칭이 언급하는 바와 같이, 이 방법에서는 참가자가 자신의 제안이나 아이디어를 서면으로 작성한다.[10] 브레인라이팅 은 여러 가지 형태로 서면을 통하여 아이디어를 창출할 수 있는데, 가장 대 표적인 방법은 브레인라이팅 635이다.[11]

1960년대 말 독일의 *로르바흐(Rohrbach)*가 개발하였고, 독일어권에 널리 알려진 브레인라이팅 635방법은 여러 가지 브레인라이팅 중의 한 가지 변형 이다.[12] 이 방법은 다음과 같이 아이디어를 창출한다.

- 6명의 참가자들은 동일한 문제가 기록된 양식을 각각 배부받는다.
- 각 참가자들은 3개의 해결방안을 5분 이내에 작성하여 제출하여야 한다.

그 다음 단계에서는 위와 같은 방법으로 제출된 양식이 그 집단의 다른 5명의 참가자들에게 차례로 전달이 된다. 이를 통하여 각 참가자들은 다른 참가자들의 아이디어들을 회람한 후, 또다시 3개의 해결방안을 5분 이내에 작성하게 된다. 이 단계에서는 다른 참가자들의 아이디어를 자신의 아이디 어와 조합하거나 변형하는 방법을 통해 새로운 해결방안을 제시할 수도 있 다.[13] 이러한 방식으로 참가자들에 의해 제출된 양식이 채워지면서 30분 동 안 총 108개(18개 아이디어×6명)의 아이디어들이 창출되어야 한다.

〈표 5-1〉은 브레인라이팅 635 방법의 기록양식(예시)을 보여준다.

---

10 Brommer(1990), p. 25.
11 Hentze/Brose/Kammel(1993), p. 100.
12 Brommer(1990), p. 25; Hentze/Brose/Kammel(1993), p. 100.
13 Schlicksupp(1983), p. 63.

표 5-1	브레인라이팅 635 방법의 기록양식(예시)	
브레인라이팅 635 기록양식		
참가자 : 1. 2. 3. 4. 5. 6.	아이디어창출을 위한 주제	
아이디어의 기록		
11	12	13
21	22	23
31	32	33
41	42	43
51	52	53
61	62	63

자료원 : Steiner(2003), p. 308.

5.2 아이디어평가의 단계

5.2.1 아이디어평가의 의의

아이디어평가(idea evaluation)의 단계에서는 아이디어창출의 단계에서 획득된 아이디어들이 평가되며, 채택된 아이디어는 아이디어실현의 단계로 이행하게 된다. 전략혁신, 사회적 혁신, 제품혁신 및 공정혁신을 각각 추구하기 위해 창출된 아이디어들은 관련된 부서에서 평가과정을 거치게 된다. 아이디어평가의 목적은 다음과 같이 요약될 수 있다.

- 창출된 아이디어의 시장성 또는 경제성 검토
- 평가를 통하여 채택된 아이디어의 실현계획의 수립
- 채택된 아이디어를 위한 인적 및 물적 자원의 투입 여부 및 규모의 결정

일반적으로 아이디어평가는 다음과 같은 6개의 단계를 거친다.[14]

- 평가준비 : 이 단계에서는 평가전반에 대한 준비를 한다.
- 평기기준의 설정 : 이 단계에서는 아이디어평가를 위한 주요 기준들을 확정한다.
- 평가대상의 확인 : 이 단계에서는 아이디어창출의 단계에서 획득된 아

---

14 Pleschak/Sabisch(1996), p. 175; Vahs/Burmester(2005), p. 189.

이디어들을 정리 또는 분류한다.

- 목표수준의 설정 : 이 단계에서는 추구하려는 목표수준을 설정한다.
- 평가실행 : 이 단계에서는 평가대상이 되는 아이디어들을 평가기준에 따라 평가한다.
- 평가결과의 활용: 이 단계에서는 채택된 아이디어를 다음 단계인 아이디어실현의 단계로 넘기기 위하여 최종적으로 검토한다.

5.2.2 아이디어평가의 방법

아래에서는 아이디어평가의 방법으로써 매우 간편하게 사용할 수 있는 체크리스트법, 스코어링 모델(효용가치 분석) 및 의사결정수 분석에 대하여 살펴보기로 한다.[15]

체크리스트법(checklist method)

체크리스트법은 정성적인 평가항목을 정량화하여 아이디어를 평가하는 방법이다. 체크리스트는 어떤 의사결정에 영향을 미칠 수 있는 평가항목들을 제시한 표(table) 또는 목록(list)을 의미한다. 특히, 체크리스트법은 아이디어평가를 위하여 널리 사용되는 방법 중의 하나이다. 먼저, 이 방법에서는 각 아이디어와 관련된 평가항목에 각각 점수가 부여된다. 일반적으로 평가점수는 5점 척도에 의해 부여될 수 있다. 각 평가항목에 대한 점수가 부여

---

15 박주홍(2016), p. 225 이하 수정 재인용.

된 후, 각 평가항목에 가중치를 부여하여 이들 점수를 합산하면 총점이 계산된다. 마지막으로, 의사결정자는 총점에 근거하여 아이디어를 선택한다.

〈표 5-2〉는 아이디어평가를 위한 체크리스트의 활용사례를 보여준다. 이 표에 나타나 있는 바와 같이 의사결정자는 주요 평가항목(예를 들면, 시장성, 기술적 실현 가능성 등), 가중치 및 평가점수에 기초하여 가장 높은 점수를 획득한 아이디어를 선택한다. 만일 한 개의 아이디어를 선택해야하는 상황이라면, 이 표의 사례에서는 가장 높은 점수를 획득한 아이디어 1이 채택된다.

표 5-2	아이디어평가를 위한 체크리스트의 활용사례			
평가항목	가중치	아이디어 1	아이디어 2	아이디어 3
A	0.2	4	2	3
B	0.3	5	3	3
C	0.1	3	3	4
D	0.2	4	2	5
E	0.1	3	2	4
F	0.1	3	1	3
총 점	1.0	40점	23점	36점

척도: 높은 값일수록 평가점수가 높음(최소 1-최고 5).

스코어링 모델(효용가치 분석)

스코어링 모델(scoring model)과 효용가치 분석(utility-value analysis)은 일반적으로 동의어로 사용된다.[16] 스코어링 모델은 아이디어에 대한 다차원적인

---

16 Brose(1982), p. 326; Herzhoff(1991), 199.

평가를 위하여 가장 빈번하게 사용되는 방법이다.[17] 이 방법에서는 아이디어 창출 단계에서 제안된 아이디어들이 개별 목표기준에 따라 평가된다. 즉, 이 방법에서는 먼저 개별 목표기준이 설정된 후, 목표기준에 따라 가중치가 부여되며, 각 아이디어의 효용가치에 대한 평가가 구체적으로 이루어진다.[18] 스코어링 모델의 일반적인 분석절차는 다음과 같다.[19]

- 목표 및 목표기준의 결정
- 척도 및 목표기준에 대한 가중치의 확정
- 각 목표기준과 관련된 처리대안(아이디어)에 대한 효용의 결정(부분효용의 결정)
- 효용가치의 확인(전체 효용가치의 합산)
- 가장 유리한 아이디어의 선택

〈표 5-3〉은 효용가치 분석에 대한 사례를 보여준다. 이 사례에서는 3개의 목표기준과 3개의 아이디어(대안)가 있다는 가정하에서 효용가치를 분석한다. 효용가치(U)는 다음과 같이 계산된다.

$$U = ui_1 \cdot w_1 + ui_2 \cdot w_2 + ui_3 \cdot w_3$$

---

17 Thom(1990), p. 188; Hopfenbeck(1991), p. 597; Hentze/Brose/Kammel(1993), p. 78.
18 Brose(1982), p. 326.
19 전게서, p. 330 이하; Blohm/Lüder(1988), p. 175 이하; Hentze/Brose/Kammel(1993), p. 78.

목표기준(G_i) 대안(A_i)	G_1	G_2	G_3	효용가치(U)
가중치(w_i)	$0.2(w_1)$	$0.3(w_2)$	$0.5(w_3)$	$U = ui_1 \cdot w_1 + ui_2 \cdot w_2 + ui_3 \cdot w_3$
아이디어 1(A_1)	$5(u_{11})$	$3(u_{12})$	$4(n_{13})$	$U_1 = 3.9$
아이디어 2(A_2)	$4(u_{21})$	$1(u_{22})$	$5(u_{23})$	$U_2 = 3.6$
아이디어 3(A_3)	$2(u_{31})$	$1(u_{32})$	$2(u_{33})$	$U_3 = 1.7$

표 5-3 효용가치 분석에 대한 사례

척도 : 높은 값일수록 효용가치가 큼(최소 1-최고 5).
자료원 : Park(1996), p. 135.

효용가치 분석에 대한 사례에 있어서는 아이디어 1의 효용가치가 3.9점으로 가장 높게 나타났기 때문에 채택이 된다. 효용가치 분석에서는 목표기준 및 가중치 등을 변경시킴으로써 아이디어평가를 새롭게 할 수 있는 민감도 분석(sensitivity analysis, 각 독립변수의 변화에 따라 종속변수가 얼마나 변화하는가를 분석하는 것을 말함)이 가능하다. 즉, 민감도 분석에서는 목표, 가중치 및 평가점수가 상황에 따라 변경될 수 있으며, 이를 통하여 평가하려는 아이디어들에 대한 효용가치의 순위가 달라질 수도 있다.[20]

의사결정수 분석(decision tree analysis)

의사결정수 분석에서는 아이디어창출의 단계에서 획득된 아이디어들이 관련된 의사결정의 순서에 따라 체계적으로 평가된다. 이 방법에서는 창출된 아이디어들과 관련하여 해결해야만 하는 여러 단계의 의사결정문제들이 일목요연하게 표시될 수 있다.[21] 특히, 이 방법은 무엇보다도 유연적 투자계

20 Schierenbeck(1993), p. 155.
21 Verlag Vahlen(Ed., 1984), p. 71; Busse von Colbe/Laßmann(1986), p. 32; Hahn(1994), p. 386.

획을 위하여 적합한데, 이러한 유연적 투자계획에서는 시간적인 흐름에 따라 미래의 활동들이 체계적으로 표현될 수 있다.[22]

〈그림 5-2〉는 의사결정수 분석의 사례를 보여준다. 이 사례에서는 3개의 아이디어와 3개의 의사결정기준이 있다는 가정을 하고 있다. 따라서 그림에 나타나 있는 바와 같이, 이 사례의 의사결정수는 3개의 가지(branch)로 연결된 9개의 마디(node)로 구성되어 있다. 여기에서 각 마디에 대하여 1점에서 5점까지의 척도에 근거하여 점수가 부여된다. 이 사례에서는 다른 아이디어들과 비교하여 가장 높은 총점(11점)을 받은 아이디어 1(A_1)이 채택된다. 실제에 있어서의 의사결정문제는 이 사례보다 더욱 복잡하기 때문에 의사결정수는 더욱 많은 가지들과 마디들로 구성된다.

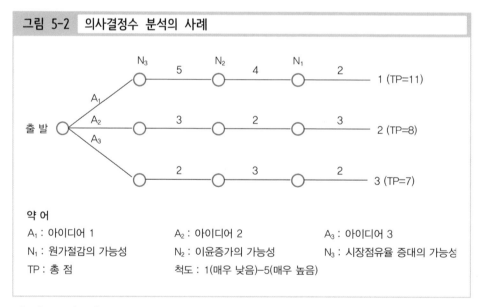

그림 5-2 | 의사결정수 분석의 사례

약 어

A_1 : 아이디어 1 A_2 : 아이디어 2 A_3 : 아이디어 3

N_1 : 원가절감의 가능성 N_2 : 이윤증가의 가능성 N_3 : 시장점유율 증대의 가능성

TP : 총 점   척도 : 1(매우 낮음)-5(매우 높음)

자료원 : Park(1996), p. 139.

---

22 Herzhoff(1991), p. 197.

5.3 아이디어실현의 단계

5.3.1 아이디어실현의 의의

아이디어실현(idea realization)의 단계에서는 채택된 혁신아이디어가 실행에 옮겨진다.[23] 아이디어실현의 목표로는 신제품의 효과적인 시장도입 및 신공정의 효율적인 개선 등을 들 수 있다. 이 단계에서의 주요 과제는 제품개발, 공정개선, 생산시스템의 채택, 시장테스트 및 신제품의 시장도입 등이다. 특히, 연구개발, 생산 및 마케팅부문은 이러한 과제를 해결하는 데 있어서 중요한 역할을 한다.

아이디어실현의 관점에서 볼 때 신제품과 신공정의 실현 및 구체화에 큰 영향을 미칠 수 있는 구체적인 생산시스템의 채택이 중요한 역할을 한다. 특히, 아이디어실현의 마지막 단계에서는 시제품 및 초기의 소량시리즈 제품에 대한 광범위한 기능테스트를 실시한 후, 고객의 요구와 제품 간의 불일치를 제거하기 위하여 시장에서의 수용가능성과 시장잠재성을 검토하는 시장테스트가 이루어진다.[24] 성공적인 시장테스트를 거친 신제품은 최종적으로 시장에 도입된다.

아이디어실현의 단계에서의 주요 고려사항을 살펴보면 다음과 같다.

- 채택된 아이디어의 개발 또는 실현 : 아이디어평가의 단계를 거치면서 채택된 아이디어는 추구하는 구체적인 목표에 따라 개발(예를 들면, 제품혁

---

23 박주홍(2016), p. 203 이하 재인용.
24 Scheuch/Holzmüller(1983), p. 229; Trommsdorff/Schneider(1990), p. 12; Trommsdorff/Reeb/ Riedel(1991), p. 569.

신 및 공정혁신)되거나 실현(예를 들면, 전략혁신 및 사회적 혁신)되어야 한다.

- 시장성 또는 활용성의 추구 : 실현되는 아이디어는 시장성(예를 들면, 제품 혁신을 통한 신제품의 시장점유율 증대) 또는 활용성(예를 들면, 사회적 혁신과 관련된 인적 자원 부문에서의 아이디어의 활용)을 추구하여야 한다.

5.3.2 아이디어실현의 방법[25]

아이디어실현의 단계에서는 다음과 같은 여러 가지 방법을 통하여 채택된 아이디어가 다양한 형태로 활용될 수 있다.

신제품 개발

신제품 개발(new product development)은 채택된 신제품 아이디어를 구체화하기 위하여 관련된 부문들이 협력하여 제품을 연구개발하여 시장에 도입하는 전 과정을 의미한다(구체적인 내용은 제7장 참고). 보다 나은 신제품 개발을 위해서는 연구개발, 마케팅 및 생산부문 등과 같은 기업의 주요 기능영역들이 서로 협력할 필요가 있다. 박주홍(Park)의 실증적 연구의 결과에 의하면, 신제품 개발을 위해서 마케팅과 연구개발 및 생산과 연구개발부문 간의 협력이 가장 강하게 이루어지고 있는 것으로 밝혀졌다.[26] 즉, 이것은 신제품 개발과 관련하여 가장 중요한 기능영역이 마케팅, 연구개발 및 생산부문이라는 것을 의미한다. 이러한 연구결과는 저윈(Gerwin)의 이론적인 연구결과

---

25 박주홍(2016), p. 234 이하 수정 재인용.
26 Park(1996), p. 144 이하.

와 일치하는데, 그는 기존의 방법을 대체하는 신제품 개발을 위한 새로운 방법을 제시하였다.[27] 〈그림 5-3〉은 신제품 개발에서의 개념의 변화를 보여준다.

〈그림 5-3〉에 나타나 있는 것처럼 신제품 개발에 있어서 새로운 방법은 마케팅, 연구개발 및 생산부문의 통합을 신제품 개발 초기부터 시도하는 것이다. 반면에 기존의 방법은 시간의 흐름에 따라 마케팅, 연구개발, 생산부문의 역할이 분리되어 수행된다. 기존의 방법에서 신제품 개발이 이루어지는 단계는 다음과 같다.

- 0단계 : 장기적인 목표가 결정되는 사전적 단계
- 1단계 : 시장요구 및 새로운 제품아이디어가 조사되는 단계
- 2단계 : 제품개념의 확정
- 3단계 : 기술적 구체화 및 시제품의 구조설계
- 4단계 : 제품검사, 시제품 제조 및 생산개시

〈그림 5-3〉에 제시되어 있는 것처럼 신제품 개발에 있어서 앞에서 언급한 세 개의 기능영역들은 중요한 의미를 갖는다. 기존의 방법에서는 마케팅과 연구개발부문(특히, 제품계획과 관련되어 있음)이 0단계, 1단계, 2단계에서 협력하며, 3단계에서는 연구개발부문이, 4단계에서는 생산부문이 중요한 역할을 한다. 그러나 초기단계에서 생산부문을 소홀히 하게 되고, 아울러 제품계획이나 제품설계에 생산부문이 참여하지 않으면, 생산이 시작되는 단계에서 문제점이 발생할 수 있다. 이러한 문제점을 사전에 방지하고, 신제품 개

---

27 Gerwin(1994), p. 61.

발의 효율을 증대시키기 위하여 신제품 개발 초기부터 '마케팅, 연구개발 및 생산' 등의 부문을 통합하는 것이 *저원(Gerwin)*이 주장하고 있는 새로운 방법이다. 이러한 내용은 〈그림 5-3〉에 구체적으로 제시되어 있다.

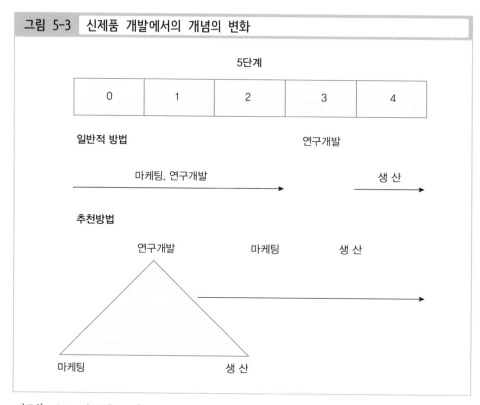

그림 5-3   신제품 개발에서의 개념의 변화

자료원 : Gerwin(1994), p. 61.

신공정 개발

신공정 개발(new process development) 및 생산방법의 개선(improvement of production method)을 위하여 아이디어평가의 단계에서 채택된 혁신아이디어들은 생산 또는 제조부문에서 실현이 된다. 가장 중요한 생산목표는 생산원가의 절감 및 제품품질의 개선이다.

예를 들면, 생산방법에 대한 새로운 아이디어 또는 개선아이디어 등과 같은 채택된 아이디어들은 생산에 매우 큰 영향을 미칠 수 있다. 〈그림 5-4〉는 생산과정과 혁신아이디어의 활용을 보여준다.[28] 이 그림에서는 혁

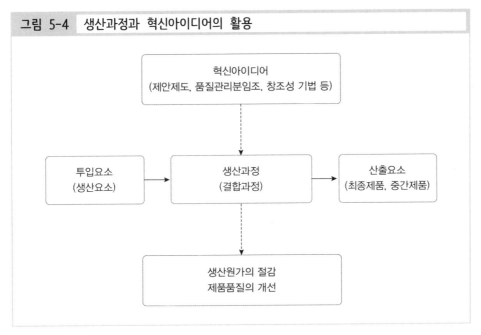

그림 5-4 **생산과정과 혁신아이디어의 활용**

```
              혁신아이디어
  (제안제도, 품질관리분임조, 창조성 기법 등)
                  │
                  ▼
  투입요소  →   생산과정   →   산출요소
 (생산요소)    (결합과정)    (최종제품, 중간제품)
                  │
                  ▼
              생산원가의 절감
              제품품질의 개선
```

자료원 : Park(1996), p. 146.

---

28 Steinbuch/Olfert(1987), p. 19 이하; Corsten(1990), p. 7 이하; Dyckhoff(1992), p. 11 이하; Hentze/ Brose/Kammel(1993), p. 298.

신아이디어들이 투입요소(생산요소)와 마찬가지로 생산에 얼마나 효과적이고 효율적으로 영향을 미치고 있는가를 알 수 있다. 투입요소가 생산과정을 거치면서 산출요소로 변환되는 것처럼, 제안제도, 품질관리 분임조 및 창조성 기법 등을 통하여 창출되고 채택된 혁신아이디어들은 생산원가의 절감 및 제품품질의 개선에 이바지한다.

생산시스템의 채택

채택된 아이디어들을 효과적이고 효율적으로 실현하기 위하여 기업에 적합한 생산시스템을 결정하여야 하며, 경우에 따라서는 기존의 생산시스템을 개선하는 것이 필요하다. 다음과 같은 방법들이 생산시스템의 개선을 위해 활용될 수 있다.

- 적시관리(just-in time) : 이 방법은 완성차 제조업체와 부품업체 간의 관계가 매우 밀접한 일본의 자동차산업에서 1970년대 말에 개발된 방법이다. 적시관리를 개발한 일본 토요타자동차의 엔지니어인 오노(Ohno)는 적시관리를 다음과 같이 정의하였다.[29] "적시관리는 조립에 필요한 해당 부품이 적시에 필요한 양만큼 조립라인으로 공급되는 관리방법을 의미한다. 이러한 부품공급방식을 실행하는 기업은 부품재고가 거의 없는 생산을 할 수 있다."

---

29 Traeger(1994), p. 31.

● 유연적 생산시스템(flexible manufacturing system) : 이 방법은 공동적인 통제 및 수송시스템을 서로 결합하는 일련의 조립설비를 의미하며, 이 시스템에서는 자동조립이 이루어질 뿐만 아니라, 서로 다른 제품에 대한 서로 다른 조립(예를 들면, 다품종 소량생산)도 한 작업영역에서 이루어질 수도 있다.[30] 이러한 생산시스템은 변화된 요구사항에 잘 적응하는 생산을 가능하게 한다.

혁신제품의 시장테스트와 시장도입

혁신과정의 최종 단계는 혁신제품(신제품)의 시장테스트(market test)와 시장도입(market introduction)이다(구체적인 내용은 제7장과 제8장 참고). 실제에 있어서 시장테스트는 기술적 및 기능적 제품테스트를 거친 후 이루어진다. 시장테스트는 가장 포괄적인 시장조사의 한 방법이며, 이러한 시장테스트에서는 제품을 개선하고, 신제품 도입을 위한 어떤 마케팅개념을 개발하기 위하여 신제품에 대한 고객 또는 구매자의 반응이 확인되어야 한다.[31] 시장테스트의 가장 중요한 목표는 신제품이 시장에 도입되기 전에 고객욕구와 신제품 간의 편차를 적시에 수정하는 것이다.[32] 시장테스트는 무엇보다도 다음과 같은 방법으로 수행될 수 있다.[33]

30 Nieß(1979). p. 596.
31 Hill/Rieser(1993), p. 240.
32 Trommsdorff/Reeb/Riedel(1991), p. 569.
33 Groth/Kammel(1994), p. 34.

- 신제품과 관련된 특징들을 평가할 수 있는 소비자 패널을 활용함(예를 들면, 기능적 속성, 포장, 가격 및 제품명 등에 대한 평가를 함).
- 테스트시장에 제품을 도입함(실험 테스트시장, 점포테스트 및 지역시장테스트 등).

특히, 시장테스트에서 발생하는 높은 비용을 고려하는 것이 중요하다. 또한 테스트 기간에는 신제품에 대한 보안을 유지하기 어렵기 때문에 신제품을 모방할 가능성이 있는 경쟁업체를 주의 깊게 관찰하여야 하며, 신제품 도입이 늦어질 경우의 도입비용을 줄이기 위하여 시장테스트를 가능한 한 빨리 마쳐야 한다.[34]

시장테스트가 성공적으로 수행이 되고, 고객욕구와 신제품 간의 편차가 수정되면 그 신제품은 비로소 시장에 도입될 수 있다. 시장도입과 관련된 의사결정단계에 있어서는 마케팅 믹스(제품, 가격, 유통 및 촉진)의 관점에서 구체적인 신제품 도입계획이 수립되어야 한다.[35]

---

34 전게서; Holt(1988), p. 227.
35 Trommsdorff/Reeb/Riedel(1991), p. 569.

혁신관리과정

CHAPTER 06

CHAPTER 06

혁신관리과정

6.1 혁신을 위한 계획

6.1.1 혁신을 위한 계획의 의의

혁신을 위한 계획(innovation plan)은 운영적 계획(operational plan)의 관점에서 접근하여야 한다. 운영적 계획은 전략적 계획에 기초하여 중하위 경영층이 관련부서의 업무, 업무수행방법, 자원투입계획 및 계획완료기간 등을 구체적으로 제시한 대안을 말하며, 이것은 방법계획 또는 전술적 계획과 동의어로 사용되기도 한다.[1] 혁신과 관련된 운영적 계획은 본사 및 현지 자회사

---

1 박주홍(2012), p. 399.

의 중하위 경영층에 의해 수립되며, 일반적으로 이것은 연구개발과 관련된 구체적인 업무계획을 포괄한다. 운영적 계획의 관점에서 볼 때, 혁신을 위한 계획은 다음과 같은 특징을 갖는다.[2]

- 기본방향 : 기간 지향적
- 계획기능 : 통합 지향적(내부로의 조정 : 효율의 확보, '계획한 것들을 올바르게 실행함')
- 목표기준 : 예산설정, 기간적 성공의 실현
- 지침 : 기본전략 및 부분전략, 성과 잠재성, 전략적 자원배분
- 문제형태 : 비교적 쉬운 구조화, 양적 문제
- 계획범위 : 영역별 실행에 집중하면서 체계적으로 분할
- 계획단위 : 기능영역
- 계획 사이클 : 연도별
- 계획조직 : 분권적(중앙집권적으로 조정)

6.1.2 연구개발예산[3]

혁신을 위한 연구개발예산(R&D budget)은 '어떤 계획기간에 있어서 연구개발비 지출을 위해 이용 가능한 기업 전체의 총예산의 일부'이다.[4] 연구개발예산을 수립하기 위해서 기업은 연구개발을 통하여 달성될 수 있는 이윤

---

2 Ulrich/Fluri(1992), p. 133.
3 박주홍(2016), p. 167 이하 수정 재인용.
4 Schanz(1972), p. 80.

과 성장을 고려해야만 한다. 연구개발예산의 확정은 연구개발 프로그램의 중요한 요소의 하나이다. 그러므로 이것은 연구개발영역의 진행계획 및 잠정적 계획뿐만 아니라, 나아가 기타 계획영역(예를 들면, 연구개발 이외의 기능영역)에 대하여 간접적으로 영향을 미친다.[5]

*케른과 슈뢰더(Kern & Schröder)*에 따르면, 연구개발예산의 설정방법을 다섯 가지로 구분할 수 있다.[6] 즉, 이러한 방법은 목표 중심적 접근법, 프로젝트 중심적 접근법, 용량 중심적 접근법, 자금조달 중심적 접근법 및 경쟁 중심적 접근법 등이다. 아래에서는 이러한 연구개발예산의 설정방법에 대하여 살펴보기로 한다.

목표 중심적 접근법(goal-oriented approach)

이 접근법은 연구개발 프로젝트를 통하여 기업의 목표가 추구된다는 것에서 출발한다. 먼저 모든 연구개발 프로젝트에 대한 비용이 산정된다. 그리고 나서 각 연구개발 프로젝트에 상응하는 진행기간에 따라 연구개발 프로젝트에 대한 비용이 배분된다. 아울러, 각 예산기간에 있어서 개별 연구개발 프로젝트의 비용이 합산되고, 이것을 기업의 이용 가능한 재정적 자원과 비교하게 된다. 연구개발 프로젝트의 비용과 기업의 이용 가능한 재정적 자원의 차이가 많이 나게 되면, 연구개발 프로젝트를 수정하거나 또는 기업의 재정적 자원을 재분배해야만 한다. 만일 연구개발 프로젝트의 비용과 기업의 이용 가능한 재정적 자원의 어떤 접근(예를 들면, 예산조정을 통한 접근)이 불

---

5 Schröder(1980), p. 646.
6 Kern/Schröder(1977), p. 102 이하.

가능하다면, 연구개발의 목표는 수정되어야만 한다. 실제에 있어서 목표 중심적 연구개발예산의 설정은 예상매출액 또는 미래의 이윤상황과 같은 기준에 따라 이루어지기도 한다.

프로젝트 중심적 접근법(project-oriented approach)

프로젝트 중심적 접근법은 연구개발 프로젝트와 프로젝트제안에 따라 이루어진다. 먼저 이러한 프로젝트의 성공전망이 평가되어야만 한다. 즉, 연구개발 프로젝트의 성공가능성의 평가가 최우선적으로 이루어지게 된다. 그리고 나서 주어진 목표의 관점에서 가장 최적적인 어떤 연구개발 프로그램을 개발하게 된다. 이러한 연구개발 프로그램은 신제품 또는 신공정과 관련되어 있다. 또한 기대되는 목표달성의 수준과 연구개발예산의 규모 간의 어떤 관계가 결정된다.

용량 중심적 접근법(capacity-oriented approach)

용량 중심적 접근법은 과거에 수행된 연구개발활동에 기초하고 있다. 여기에서 용량이 의미하는 것은 전년도 또는 과거에 지출된 연구개발예산이 될 수 있다. 연구개발예산의 규모는 실제의 예산을 증가시키거나 감소시킴으로써 결정된다. 이 접근법은 금전적 측면과 제품경제적인 측면에서 다르게 활용될 수 있다.[7]

용량 중심적 접근법에 있어서 금전적 측면을 고려한 연구개발예산의 설

---

7 Brose(1982), p. 121 이하.

정은 다음과 같은 요인들을 고려해야만 한다. 즉, 예상되는 인건비 및 노동시장의 추이, 프로젝트의 종류와 수 및 연구개발활동의 전략적 방향설정 등에 따라 연구개발예산이 구체적으로 확정된다.

또한 용량 중심적 접근법에 있어서 제품경제적인 측면을 고려한 연구개발예산의 설정은 현재의 활용 가능한 인력과 사용 가능한 기계용량에 기초하고 있다. 그러므로 이 방법에 의한 연구개발예산의 범위는 '자원조달, 잠재적 요인의 유지 및 투입에 대한 비용, 경험곡선을 통하여 나타나는 자원조달에 대한 추가비용 및 원재료투입 등과 같은 반복적 요인의 투입의 총합'이다.[8]

자금조달 중심적 접근법(financing-oriented approach)

자금조달 중심적 접근법은 어떤 기업에 있어서의 기존의 재정적 자원의 이용가능성에서 출발한다. 한정된 재정적 자원으로 인하여 기업은 연구개발투자를 최적화하기 위하여 연구개발 프로젝트의 우선순위를 결정해야만 한다. 개별적 연구개발 프로젝트의 평가는 투자평가를 통하여 이루어진다. 전체기업의 관점에서 볼 때 연구개발예산의 할당은 '기업정책에 있어서 연구개발의 위치 및 경영적 목표의 실현을 위하여 기대되는 연구개발활동의 공헌도'에 달려 있다.[9]

---

8 Kern/Schröder(1977), p. 126.
9 Brose(1982), p. 123.

경쟁 중심적 접근법(competition-oriented approach)

연구개발예산의 설정을 위한 경쟁 중심적 접근법은 경쟁자의 연구개발예산을 기초로 한다. 여기에서 기업은 어떤 특정 산업부문의 평균적인 연구개발예산 또는 경쟁자의 연구개발강도에 주안점을 두어 연구개발예산을 설정한다. 만일 어떤 기업이 기존의 시장지위를 계속적으로 유지하려고 한다면, 연구개발비는 최소한 경쟁자와 동일하게 지출되어야 한다. 그러나 어떤 기업의 연구개발비의 지출이 경쟁자보다 적다면, 장기적으로 볼 때 기업의 경쟁상황이 악화될 수 있다.

6.2 혁신수행을 위한 조직

6.2.1 혁신수행을 위한 조직의 의의

혁신수행을 위한 조직(organization for innovation)은 혁신활동을 수행하기 위한 기본적인 틀을 제시하며, 기업의 목표와 내부적 및 외부적 환경상황에 따라 다양하게 구성될 수 있다. 일반적으로 혁신수행을 위한 조직의 설계는 계획에 따라 이루어지는데, 그 이유는 조직이 계획(예를 들면, 전략적 계획과 운영적 계획)을 수행해야만 하기 때문이다. 기업에서 혁신수행을 위한 조직설계를 담당하는 경영자는 다음과 같은 두 가지 측면을 고려하여 조직구조(organizational structure)를 설계하여야 한다.

- 혁신업무의 전문화를 통하여 혁신효율의 우위를 달성하기 위한 가장 효과적인 부문배치방법의 발견
- 혁신목표를 달성할 수 있도록 하는 부문별 활동의 조정

혁신수행을 위한 조직설계의 원칙은 분업과 전문화, 명령과 보고체계 및 업무분담과 부문 간 조정 등을 들 수 있다. 먼저, 혁신수행과 관련된 분업과 전문화는 효과적인 혁신조직의 배치와 관련되어 있다. 그리고 혁신조직과 관련된 명령과 보고체계는 혁신수행을 하는 조직들 간의 커뮤니케이션을 원활하게 해 주는 역할을 할 뿐만 아니라, 아울러 조직의 효율을 증대시키는 역할도 담당한다. 마지막으로, 혁신수행과 관련된 업무분담과 부문 간 조정은 특정 혁신업무의 효율적인 배분과 체계적인 업무수행을 가능하게 한다.

6.2.2 혁신수행을 위한 조직의 형태[10]

기능적 조직(functional organization)

이 조직에서는 연구개발부문이 기능에 따라 구성된다. 연구개발부문의 기능은 기초연구, 응용연구, 개발, 연구개발 인사 및 연구개발 자원조달 등이다. 〈그림 6-1〉은 연구개발부문의 기능적 조직을 보여준다. 이 그림에서 알 수 있는 바와 같이 연구개발부문의 모든 중요한 기능들이 기능별로 분류되어 조직화될 수 있다.

---

10 박주홍(2016), p. 174 이하 재인용.

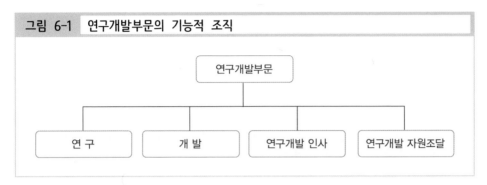

그림 6-1   연구개발부문의 기능적 조직

자료원 : Park(1996), p. 74

제품 지향적 조직(product-oriented organization)

연구개발부문의 제품 지향적 조직에서는 제품 또는 제품집단에 따라 조직
이 구성된다. 이 조직구조의 전제조건은 이질적인 제품프로그램 및 다양한
제품과 관련된 역동성을 갖는 이질적인 시장이다.[11] 그러므로 연구개발부문의
제품 지향적 조직은 특별히 다양한 제품과 제품집단(product group)을 갖고 있
는 대기업이 선호한다. 〈그림 6-2〉는 제품 지향적 조직을 보여준다.

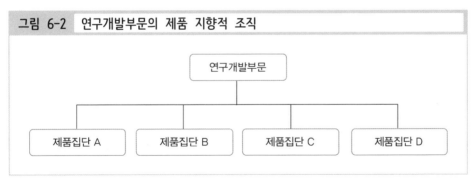

그림 6-2   연구개발부문의 제품 지향적 조직

자료원 : Park(1996), p. 74

---

11 Schertler(1993), p. 34 이하.

프로젝트 지향적 조직(project-oriented organization)

프로젝트는 제품개발과 같은 포괄적이고 시간적으로 제한된 과제를 의미한다.[12] 프로젝트는 다음과 같은 전제조건을 기초로 한다.[13]

- 복잡하고 혁신적인 과제설정
- 과제달성을 위한 목표의 확정
- 프로젝트의 시작과 종료 및 달성표준의 명확화
- 수많은 관련조직 및 이해당사자의 목표실현에의 참여
- 시간적 제약

이 조직은 연구개발부문에서 수행되어야만 하는 특정한 프로젝트를 중심으로 구성된다. 아울러, 프로젝트집단에는 서로 다른 기능영역들이 참여할 수 있다. 〈그림 6-3〉은 프로젝트 지향적 조직을 제시한다.

그림 6-3 연구개발부문의 프로젝트 지향적 조직

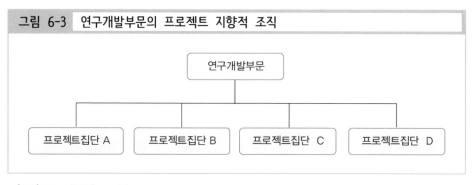

자료원 : Park(1996), p. 76

---

12 Kieser/Kubicek(1992), p. 138.
13 Schertler(1993), p. 38.

매트릭스 조직(matrix organization)

이 조직에서는 둘 또는 그 이상의 조직화 기준이 하나의 매트릭스에서 동시에 동일한 순위로 고려된다.[14] 매트릭스 조직의 목표는 조직구조의 유연성의 증대에 있다.[15] 혁신의 관점에서 볼 때 조직화 기준으로서의 제품과 프로젝트는 매트릭스 조직에서 특별한 의미를 갖는다. 〈그림 6-4〉는 제품과 프로젝트의 기준에 따라 구성된 매트릭스 조직을 보여준다. 이 그림은 매트릭스 조직에 있어서 조직화 기준에 따른 의사결정영역과 책임영역이 분명하게 정의되고 분담되어야 한다는 것을 명확히 보여준다. 즉, 예를 들면, 〈그림 6-4(a)〉는 각 기능영역과 제품, 〈그림 6-4(b)〉는 각 기능영역과 프로젝트가 중요한 조직화 기준이 되며, 의사결정영역과 책임영역은 각 기능영역과 제품 및 각 기능영역과 프로젝트에 따라 결정된다.

---

14 Bühner(1992), p. 147; Schertler(1993), p. 42.
15 Schertler(1993), p. 42.

그림 6-4 　연구개발부문의 매트릭스조직

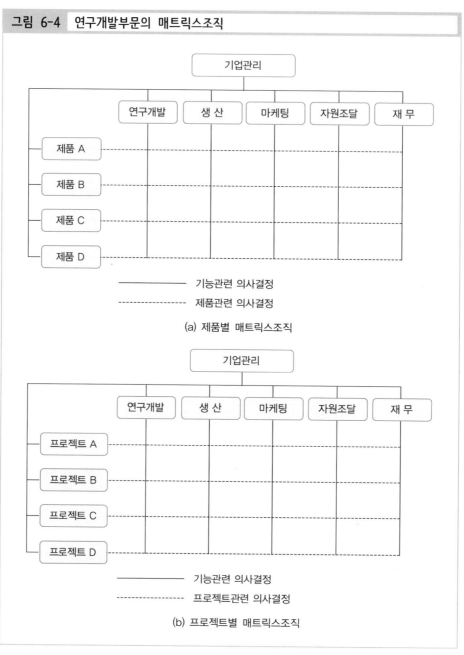

(a) 제품별 매트릭스조직

(b) 프로젝트별 매트릭스조직

자료원 : Park(1996), p. 78-79

연구형태(research types)에 따른 조직

연구형태에 따른 연구개발부문의 조직은 일반적으로 기초연구, 응용연구 및 개발 등으로 구성된다. 〈그림 6-5〉는 연구형태에 따른 조직구조를 제시한다. 이 조직은 대체로 높은 학술적인 표준을 갖는 어떤 동질적인 생산프로그램이 존재할 때 구성되는 경향이 있다.[16]

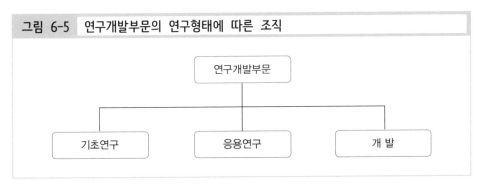

그림 6-5 **연구개발부문의 연구형태에 따른 조직**

자료원 : Park(1996), p. 80

6.3 혁신에 대한 통제

6.3.1 혁신에 대한 통제의 의의

혁신에 대한 통제는 일반적으로 혁신활동이 수행된 이후에 이루어지지만, 경우에 따라서 혁신의 계획 또는 실행기간 중에도 이루어질 수도 있다.

---

16 Kieser(1984), p. 55.

특히, 기업에 있어서 혁신활동(예를 들면, 신제품 개발 및 신공정 개발)의 핵심적 주체는 연구개발부문이므로 연구개발통제가 매우 중요한 과제이다.[17] 통제는 '계획과 성과 간의 편차를 확인하고, 이러한 편차를 분석하기 위한 어떤 순서적이고 지속적인 정보가공의 과정'으로 정의할 수 있다.[18]

혁신에 대한 통제는 혁신을 수행하는 관련조직의 성과에 대한 효과와 효율을 검토하고 평가하는 것이기 때문에 체계적인 과정을 거쳐 통제가 이루어져야 한다. 혁신관리자는 설정된 통제기준에 따라서 혁신활동의 성과에 대한 검토·평가의 과정을 거치게 된다. 혁신에 대한 통제과정은 다음과 같은 5단계로 구분할 수 있다.[19]

- 통제대상의 결정 : 혁신수행과 관련하여 구체적인 통제대상이 결정되어야 한다. 통제대상의 결정에 있어서 가장 중요한 것은 혁신을 수행하는 각 조직과 그 책임단위를 정확하게 분류하는 것이다.
- 통제기준의 설정 : 혁신활동을 적절히 평가하기 위하여 정량적이고 정성적인 통제기준이 설정되어야 한다. 정량적인 기준은 수치로 파악이 가능한 성과기준(예를 들면 신제품의 시장점유율)을 말하며, 반면에 정성적인 기준은 수치로 파악이 불가능한 성과기준(예를 들면, 신제품에 대한 고객의 만족)을 의미한다.
- 관련된 정보의 수집 : 혁신수행의 결과에 대한 현 상황을 설정한 통제기준과 비교하기 위해서는 각 기준 또는 표준에 대한 정보가 수집되어야 한다. 즉, 관련된 정보는 혁신을 수행하는 각 조직과 그 책임단위

---

17 박주홍(2016), p. 264.
18 Bea/Dichtl/Schweitzer(Ed., 1994a), p. 90.
19 박주홍(2012), p. 436 이하 수정 재인용.

에 의해 정량적 및 정성적 자료의 형태로 제시되어야 한다.

- **통제기준과 결과의 비교** : 기업이 설정한 혁신수행에 대한 통제기준 또는 표준은 결과(성과)와 비교되어야 한다. 즉, 혁신수행의 결과와 관련된 정보가 수집되면, 통제기준과의 비교가 수행된다. 이 단계에서는 통제기준과 결과 간의 편차가 확인될 수 있다.

- **편차의 수정** : 혁신에 대한 통제과정의 마지막 단계는 네 번째 단계에서 확인된 편차를 수정하는 것이다. 즉, 혁신수행과 관련된 통제기준과 결과 사이에 편차가 발생하였을 경우, 그 원인을 분석하고 이를 수정하기 위한 피드백이 이루어져야만 혁신에 대한 통제활동이 완결된다.

6.3.2 연구개발통제

아래에서는 혁신에 대한 통제에서 매우 중요한 것으로 평가될 수 있는 연구개발통제에 대하여 논의하기로 한다. 일반적으로 통제활동은 결과통제에 중점을 두는 경향이 있지만, 경우에 따라서 전제조건통제와 실행통제가 수행되는 것이 바람직하다.[20] 〈그림 6-6〉은 연구개발통제의 종류와 시점을 보여준다. 이 그림에는 연구개발과 관련된 전제조건통제, 실행통제 및 결과통제 등이 이루어지는 시점이 각각 제시되어 있다.[21]

---

20 Macharzina(1993), p. 334.
21 박주홍(2012), p. 433.

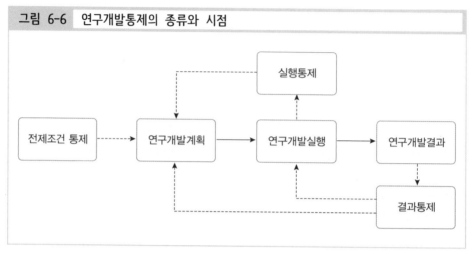

그림 6-6 연구개발통제의 종류와 시점

자료원 : 박주홍(2012), p. 433; 저자에 의해 일부 수정됨.

　　연구개발과 관련된 전제조건통제, 실행통제 및 결과통제의 의미를 구체적으로 살펴보면 다음과 같다.[22]

전제조건통제

　　전제조건통제(precondition control)는 연구개발계획이 수립되는 기간에 이루어지며, 여기에서는 내부적이고 외부적인 개발프로젝트 또는 환경조건에 대한 기본조건의 타당성이 검토된다.[23] 연구개발계획이 완전히 수립되기 전에 먼저 주요 기본계획요소들에 대한 예측이 이루어져야 하며, 이러한 예측은 현재 이용 가능한 기업의 내부적 자원과 비교되어야 한다.[24]

---

22 박주홍(2016), p. 266 수정 재인용.
23 Macharzina(1993), p. 334.
24' Hentze/Brose/Kammel(1993), p. 117.

일반적으로 전제조건통제는 연구개발계획의 단계에서 다음과 같은 과정을 거치면서 이루어진다.

- 특정 연구개발프로젝트의 설정
- 주요 기본계획요소에 대한 예측(예를 들면, 연구개발성과의 예측)
- 주요 비교대상의 설정
- 주요 비교대상과 이용 가능한 내부적 자원과의 비교
- 연구개발비용의 확정

특히, 연구개발계획의 단계는 특정 연구개발프로젝트가 시작되는 초기단계이기 때문에 전제조건통제를 통한 비용(원가)절감의 잠재성이 매우 클 수 있다. 즉, 전제조건통제를 하지 않은 연구개발프로젝트가 실행된 이후에 어떤 결정적인 문제점이 발견된다면, 이 문제를 해결하기 위한 기업의 자원부담은 더욱 늘어나게 될 것이다. 전제조건통제에 있어서 무엇보다도 중요한 것은 미래의 연구개발성과에 대하여 정확하게 예측하는 것이다.

전제조건통제의 주요 대상은 다음과 같다.[25]

- 비용(원가)
- 일정계획
- 기술적 개발목표
- 경제성 분석
- 환경보호

---

25 박주홍(2016), p. 265.

실행통제

실행통제(implementation control)에서는 연구개발이 진행되는 과정에서 연구개발활동의 목표와 목표달성 정도가 비교되며, 이들 사이에 편차가 발생할 경우에는 현재 수행중인 연구개발활동이 수정될 수도 있다. 성공적인 실행통제를 위해서는 혁신의 실행정도를 판단할 수 있는 중간목표(이정표 또는 체크포인트)가 설정되어야 한다.[26]

실행통제의 주요 대상은 아래와 같다.[27]

- 일정계획
- 기술적 개발목표

결과통제

전통적인 통제형태인 계획과 결과의 비교는 결과통제(result control)의 관점에서 설명이 가능하다. 이 방법에서는 연구개발목표와 연구개발결과에 대한 비교가 이루어진다. 이 방법은 다음과 같이 특징을 갖고 있다.[28]

- 계획수치(또는 정도)와 실현수치(또는 정도)의 비교
- 통제는 최종결과 및 부분결과와 관련됨
- 과거와 관련된 정보에 근거함(피드백 통제)
- 일회성 검토에 한정되지 않고, 체계적 검토가 이루어짐

---

26 Macharzina(1993), p. 334.
27 박주홍(2016), p. 265.
28 Brochhoff(1994), p. 340 이하.

결과통제의 단계에서는 혁신 또는 연구개발활동이 거의 종결된 상태이기 때문에 목표와 결과 간의 편차를 제거하기 위해서는 많은 비용이 들 수 있다. 따라서 혁신 또는 연구개발활동의 초기단계에서부터 통제를 하는 것이 중요하다. 즉, 결과통제의 단계에서보다는 실행통제의 단계에서, 실행통제의 단계에서보다는 전제조건통제의 단계에서 연구개발의 목표와 달성 정도 간의 편차를 수정하고, 문제점을 제거하는 것이 바람직하다.

결과통제의 주요 대상은 다음과 같다.[29]

- 비용(원가)
- 경제성 분석
- 시장점유율
- 환경보호

---

29 박주홍(2016), p. 265.

03

신제품 개발과 신제품 마케팅

제3부에서는 신제품 개발과 신제품 마케팅 대하여 설명한다. 제7장에서는 신제품 개발에 대하여 검토한다. 여기에서는 신제품 개발과고객, 신제품 개발의 과정 및 신제품 개발을 위한 주요 접근법 등에 대하여 체계적으로 논의한다. 제8장에서는 신제품 마케팅에 대하여 살펴본다. 여기에서는 신제품 마케팅의 의의, 신제품 마케팅을 위한 STP 전략 및 신제품 마케팅 믹스전략(제품, 가격, 유통,촉진) 등에 대하여 구체적으로 설명한다.

신제품 개발

CHAPTER 07

CHAPTER 07

신제품 개발

7.1 **신제품 개발과 고객**

7.1.1 신제품 개발의 의의

신제품 개발(new product development)은 제품혁신과 연구개발의 관점에서 이해할 필요가 있다. 앞서 설명한 바와 같이 제품혁신은 신제품 개발과 기존 제품의 개선을 모두 포함한다(제1장, 1.1.2 참고). 또한 연구개발의 관점에서 볼 때, 신제품 개발은 기초개발 및 개발과 밀접하게 관련되어 있다(제2장, 2.1.1 참고). 여기에서는 '기존 시장 및 신시장에 최초로 도입되는 제품의 개발'로 신제품 개발을 정의하기로 한다. 또한 신제품 개발은 기술진보에 초점

을 맞추고 있을 뿐만 아니라 고객들에게 새로운 것으로 인식되는 제품을 시
장에 도입하기 위하여 개발하는 것을 의미한다.

신제품 개발의 가장 중요한 목표는 다음과 같이 요약될 수 있다.

- 고객의 욕구충족
- 기존 시장 및 신시장에서의 시장성장 및 시장점유율 증대
- 제품경쟁력의 강화
- 경쟁시장에서의 주도권 확보

7.1.2 고객의 의의

고객(customer)은 기업이 생산한 제품 또는 서비스를 구입하는 손님을 의
미한다. 특히, 고객은 소비자(consumer), 구매자(purchaser 또는 buyer) 및 사용
자(user) 등과 동의어로 사용되기도 한다. 고객과 관련된 용어상의 차이를 간
략히 요약하면 다음과 같다.[1]

- 고객 : 이것은 상점(예를 들면, 도매업체 및 소매업체), 공장, 사무실 등에 제
  품 또는 서비스를 구입하러 오는 손님을 의미하며, 산업재와 소비재를
  구입하는 개인 및 기업과 관련된 개념이다.
- 소비자 : 일반적으로 이것은 제품 또는 서비스를 소비하는 개인을 의미
  하며, 산업재보다 소비재에 국한된 개념으로 볼 수 있다.

---

1 박주홍(2017), p. 213 수정 재인용.

- **구매자** : 이것은 제품 또는 서비스를 구매하는 개인, 기업 및 국가기관 등을 의미한다. 넓은 의미에서 볼 때, 소비자, 고객 및 사용자를 모두 포괄한다. 구매자와 대비되는 개념은 판매자(seller)이다.
- **사용자** : 이것은 제품(**예** 소프트웨어, 승용차) 또는 서비스(**예** 렌터카, 호텔 서비스)를 구입하여 사용하는 개인, 기업 또는 기관 등을 말한다.

구매자 또는 고객은 기업이 만든 제품을 최종적으로 취득하는 역할을 담당하며, 이러한 취득을 통하여 기업의 매출이 발생한다. 혁신과정의 관점에서 볼 때, 구매자는 신제품(혁신제품)의 구매자(고객) 역할 이외에도 다음과 같은 다양한 역할을 담당하기 때문에 혁신 네트워크에 있어서 중요한 존재로 부각된다.[2]

- **새로운 요구사항의 제시** : 구매자 또는 고객은 그들이 필요로 하는 제품에 대한 아이디어를 기업에 제공한다. 이러한 제품아이디어는 구매자의 제안과 기업의 마케팅 조사를 통하여 획득된다. 구매자에 의해 제시되는 요구사항은 기업에 대한 혁신압력(innovation pressure)으로 작용할 수 있다.
- **개선사항에 대한 해결책 제시** : 구매자는 그들이 구매한 신제품의 개선사항에 대한 해결책을 제시하며, 이를 통하여 제품수정이 이루어지기도 한다. 경우에 따라서 구매자는 시제품 테스트과정에서 기술적 노하우(사용자 관점에서의 기술적 건의사항)를 제공한다. 예를 들면, 시제품 테스트과정에서 구매자는 그들의 의견을 구체화하여 기업에 전달할

---

2 Strebel/Hasler(2003), p. 362; Ritter(2005), p. 623 이하; 박주홍(2012), p. 186 이하; 박주홍(2016), p. 280 이하 재인용.

수 있다.

- 참고 및 확산의 역할 담당 : 신제품의 확산과정에서 잠재적 및 실제적 구매자(고객)들은 의견주도자의 구매행태를 참고하여 구매를 하게 된다. 이를 통하여 시장에서의 신제품 확산이 원활하게 이루어지게 된다.
- 신제품의 구매 : 이것은 구매자가 담당하는 가장 중요한 역할이며, 이를 통하여 기업의 매출이 발생할 뿐만 아니라, 매출규모에 따라 시장에서 신제품 성패가 좌우될 수 있다.

7.2 신제품 개발의 과정

신제품 개발은 다음과 같은 7개의 단계를 거쳐 이루어진다. 각 단계에서 창출되어야 하는 주요 성과는 다음과 같이 요약될 수 있다.[3]

- 아이디어창출(idea generation) : 기업의 미션에 적합한 고객효용(customer benefits)의 제공을 위한 제품아이디어의 확인
- 제품개념의 개발과 평가(product concept development and screening) : 더욱 완전한 제품개념으로의 제품아이디어의 확장 및 제품개념에 대한 잠재적 사업적 성공가능성의 예측
- 마케팅전략의 개발(marketing strategy development) : 표적시장, 가격책정, 유통 및 촉진 등을 위한 예비 계획의 수립

---

3 Solomon/Stuart(2003), p. 263.

- 사업성 분석(business analysis) : 이윤달성을 위한 잠재성 예측(잠재적 수요, 지출규모, 마케팅 비용 등)
- 기술적 개발(technical development) : 제품, 제조 및 생산공정 등의 설계
- 시장테스트(market testing) : 실제 시장에서의 잠재적 성공에 대한 증거의 확보
- 사업화(commercialization) : 완전한 마케팅 계획의 실행

신제품 개발과정의 주요 목표들은 소비자 요구 만족도의 최대화, 개발기간의 최소화, 개발비용의 관리이다.[4] 이러한 주요 목표들을 간략히 살펴보면 다음과 같다.

- 소비자 요구 만족도의 최대화 : 신제품의 성공을 위해서 기업은 경쟁기업의 제품보다 더 좋은 기능, 우수한 품질, 매력적인 가격으로 소비자들을 만족시켜야 한다. 기업은 소비자의 요구사항을 최대한 반영하여 신제품을 개발하지만, 기술적 한계와 부족한 연구개발비용 때문에 소비자들이 요구하는 모든 사항들을 반영할 수는 없다. 소비자의 요구사항을 모두 반영하여 신제품을 개발하는 경우, 막대한 연구개발비용이 소요되기 때문에 신제품의 가격이 너무 비싸게 책정될 수도 있는 위험이 있다.
- 개발기간의 최소화 : 기업이 신제품을 개발하여 시장에 출시하는 시간이 짧을수록 시장의 최초 진입자로서의 지위는 더욱 강화될 수 있다. 만일 경쟁기업보다 늦게 신제품을 시장에 도입한다면 그 기업은 시장에

---

4 김길선 역, Schilling 저(2017), p. 277 이하.

서의 신제품 경쟁력을 상실할 수도 있다.

- 개발비용의 관리 : 기업이 소비자의 요구사항들을 최대한 충족시키기 위하여 신제품 개발비용을 많이 투입하는 경우, 신제품이 시장에서 성공적인 반응을 얻더라도 개발비용을 모두 회수할 수 없는 상황이 발생할 수 있다. 그러므로 기업은 신제품 개발비용을 효율적으로 관리하고 통제할 필요가 있다.

7.2.1 아이디어창출

신제품 개발의 첫 단계는 다양한 원천으로부터 신제품 아이디어를 창출하는 것으로부터 출발한다. 아이디어창출은 기업 내부적(종업원, 기업의 보유자료 등) 및 기업 외부적(출판물, 특허, 경쟁업체, 공급업체, 고객 등) 원천을 통하여 창출될 수 있다(제5장, 5.1.2 참고). 아이디어창출에 대한 내용은 앞서 설명하였기 때문에 여기에서는 신제품 개발의 관점에서 주요 아이디어원천에 대하여 추가적인 설명을 하기로 한다.

신제품 개발을 위한 주요 아이디어창출의 원천과 그 의미를 구체적으로 살펴보면 다음과 같다.[5]

- 제품사용자 : 제품사용자(고객)들은 제품의 사용과정에서 제품의 문제점을 가장 잘 파악하는 집단이다. 기업은 제품에 대한 이들의 평가정보를 바탕으로 신제품 개발을 위한 아이디어를 창출할 수 있다. 일반적으로 이러한 평가정보는 소비자 패널, 유통경로 구성원(도매업체 또는 소

---

5 이종옥 외(2005), p. 294 이하.

매업체 등), 마케팅 또는 영업 부서, 애프터서비스 부서 등을 통해 수집
된다. 특히, 제품사용자들이 파악하여 제시한 제품의 문제점들은 제품
을 개선하고, 신제품을 개발하는 촉발요인으로 작용할 수 있다. 특히,
제품사용자들이 제시하는 제품에 대한 평가정보를 바탕으로 신제품
개발을 하는 경우, 기업은 그들의 요구사항을 잘 충족시킬 수 있을 뿐
만 아니라 성공적으로 신제품을 도입할 수 있다.

- 생산기술 집단 : 연구개발자와 엔지니어 등과 같은 생산기술 집단은 제
  품의 기술적 문제를 가장 잘 파악하는 집단이다. 이들은 자사의 제품
  이 지니고 있는 기술상의 결함 또는 문제점을 발견하여, 이에 대한 개
  선 아이디어들을 제시할 수 있을 뿐만 아니라, 경쟁기업이 생산하여
  판매하는 제품(기존 제품 또는 신제품)의 장단점을 분석한 후 신제품 아
  이디어들을 제시할 수 있다. 경우에 따라서 생산기술 집단은 그들이
  보유한 신기술을 과신하여 고객의 요구사항과 동떨어진 신제품 아이
  디어를 제안할 수 있으므로 이에 대한 주의가 요구된다.

- 최고경영자 : 도전적인 기업가 정신을 갖춘 최고경영자 또는 창업자는
  시장에 성공적으로 도입될 수 있는 신제품 개발을 위한 아이디어들을
  제안할 뿐만 아니라 신제품 개발을 위한 최종적인 의사결정을 한다.
  또한 최고경영자는 신제품 개발을 위한 아이디어들이 보다 잘 창출될
  수 있도록 하는 제도를 도입하고, 조직의 분위기를 조성하는 역할을
  담당할 필요가 있다.

- 기초 및 응용 연구자료 : 신제품 개발과 관련된 주요 아이디어들은 정부
  출연 연구소, 대학과 기업 실험실 등으로부터 창출될 수 있다. 예를
  들면, 대학에서 창출된 아이디어(특허, 연구결과물 등)를 기업이 채택하여
  이를 신제품으로 만들 수 있다.

7.2.2 제품개념의 개발과 평가

제품개념의 개발과 평가단계에서는 아이디어창출의 단계에서 획득된 아이디어들 중에서 기업의 목표, 매출액, 수익성 등에 긍정적인 영향을 미칠 수 있는 아이디어가 채택된다. 특히, 성공적인 신제품 아이디어를 채택하기 위하여 이 단계에서는 기업 내의 서로 다른 부서 간(예를 들면, 연구개발, 마케팅 및 생산)의 밀접한 접촉과 협력을 통하여 아이디어평가가 이루어지는 것이 바람직하다.

제품개념의 개발과 관련하여 무엇보다도 먼저 제품에 대한 이해가 필요하다. 제품(product)은 노동력, 기계 및 원재료 등과 같은 생산요소를 투입하여, 가공 또는 생산과정을 거쳐 만든 완성품을 말한다. 넓은 의미에서 볼 때 제품은 유형의 제품뿐만 아니라 무형의 서비스(예를 들면, 금융서비스)도 포괄한다. 제품은 고객의 욕구를 충족시키기 위하여 시장에서 판매되는 제품과 서비스를 의미한다. 〈그림 7-1〉에 나타나 있는 바와 같이 *코틀러(Kotler)*는 제품을 핵심제품, 유형제품 및 확장제품 등과 같은 세 가지 차원으로 분류하였다.[6] 신제품 개발책임자는 이와 같은 제품의 세 가지 차원에 기초하여 제품개념을 확립하여야 한다.

- 핵심제품(core product) : 제품이 제공하는 핵심적인 편익 또는 서비스를 말함, 예를 들면, BMW의 '운전의 즐거움(독일어 Freude am Fahren, 영어 sheer driving pleasure)'이라는 슬로건에 나타나 있는 자동차의 편익

---

6 Kotler(1986), p. 297; 박주홍(2013), p. 220 이하 재인용.

- 유형제품(tangible product) : 핵심제품을 실제의 제품으로 형상화한 제품을 의미함, 브랜드, 디자인, 품질 및 포장 등과 같은 제품속성을 통하여 구체화 됨
- 확장제품(augmented product) : 유형제품에 추가하여 제공되는 서비스 또는 기타의 혜택 등이 포함된 제품을 말함, 제품보증, 제품판매 후 서비스(after-sales service) 및 신용(예를 들면, 할부판매에서의 금융혜택) 등이 부가적으로 제공됨

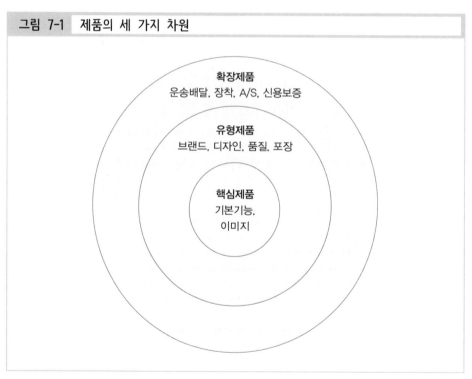

그림 7-1 | 제품의 세 가지 차원

자료원 : Kotler(1986), p. 297.

신제품에 대한 아이디어를 구체화하기에 앞서 기업의 관련된 기능영역들이 참여하고, 기술과 시장의 관점에서 중요한 정보를 제시하는 제품요구 명세서를 작성하여야 한다.[7] *알레쉬*와 *클라스만(Allesch & Klasmann)*은 관련된 기능영역에 따라서 구분된 기준에 의하여 다음과 같은 정보가 포함된 제품요구 명세서를 작성해야 한다고 주장한다.[8]

- 판매시장 : 제품기능 및 속성, 판매잠재성, 가격 및 관리비용에 대한 예측, 수요에 부합하는 제품다양성, 최적의 디자인 및 부가 서비스 등
- 경쟁 : 경쟁기업의 제품기능 및 속성, 가격과 관리비용 및 성공적인 문제해결 잠재성 등
- 자원조달시장 : 보호권, 규범 및 표준에 대한 검토, 종속가능성의 회피, 자원조달 가능한 부품 및 설비의 확인 등
- 생산 : 실제 기술의 응용, 조립에 적합한 구조, 기존부품 및 모듈의 계속적 이용가능성, 조립 및 수리의 용이성, 창고보관 및 수송적합성, 보호 가능한 부품 및 해결방안(특허) 등
- 기타 제품프로그램 : 전체적 문제해결을 위한 보완책, 일관적 제품출시 및 다양한 프로그램의 조합가능성 등

아이디어창출의 단계에서 획득된 신제품 아이디어들은 체계적인 방법을 통하여 검토되어야 한다(아이디어평가에 대한 구체적인 내용은 제5장, 5.2 참고). 신제품 아이디어평가의 단계에서는 무엇보다도 새로운 제품아이디어에 대한 시장기회 및 경제성이 중요하게 고려되어야 한다. 그러나 경우에 따라서 현

---

7 Allesch/Klasmann(1989), p. 8; 박주홍(2016), p. 202 이하 재인용.
8 Allesch/Klasmann(1989), p. 10.

시점에서 성공적이지 않게 평가된 어떤 신제품 아이디어가 미래의 어떤 시점에서 성공의 잠재성이 있을 수 있기 때문에 평가에서 탈락된 신제품 아이디어를 완전히 폐기하지 않고 추후에 다시 검토하는 것이 바람직하다.[9]

7.2.3 마케팅전략의 개발

마케팅전략의 개발단계에서는 기업 내부적 및 외부적 환경분석을 수행한 후 표적시장을 선정하고, 예비적 마케팅 4P 믹스전략(제품, 가격, 유통 및 촉진의 믹스)이 수립된다. 이 단계에서는 신제품이 개발되고 시장에 도입된 이후의 신제품 마케팅을 위한 예비 계획의 수립이 중요한 과제가 될 수 있다.

특히, 기업 내부적 환경분석에서는 신제품 개발과 관련된 강점과 약점이 확인되어야 한다(제4장, 4.2.3 참고). 또한 기업 외부적 환경분석에서는 신제품 개발과 관련된 기회와 위협이 파악되어야 한다(제4장, 4.2.2 참고).

신제품이 개발된 이후에 제품이 판매될 표적시장은 신제품 개발의 초기 단계에서부터 매우 중요한 의미를 갖는다. 이 단계에서 마케팅관리자는 시장세분화를 통하여 분류된 세분시장들을 비교·평가한 후 진입할 만한 가치가 있거나 잠재성이 높은 시장과 그 범위를 개략적으로 결정하여야 한다. 이러한 의사결정을 통하여 선정된 시장을 표적시장(target market)이라고 하며, 표적시장을 선정하는 행위를 타겟팅(targeting)이라고 한다. 표적시장의 특징과 유의점을 간략하게 살펴보면 다음과 같다.[10]

---

9 Trommsdorff/Schneider(1990), p. 10.
10 박주홍(2013), p. 136 수정 재인용.

- 표적시장은 특정 국가 또는 지역에서 선정된 잠재적 시장일 뿐이며, 실제적 시장은 시장진입전략의 실행을 통해서만 형성된다.
- 표적시장은 포지셔닝(고객 또는 소비자의 의식 속에 제품 또는 서비스에 대한 확고한 브랜드 이미지를 확립하는 것을 의미함)의 이전 단계에서 선정되며, 각 표적시장별로 포지셔닝이 이루어져야 하기 때문에 세분시장들 간의 비교·평가를 통하여 기회와 위협이 제시되어야 한다.
- 표적시장은 기업의 강점과 약점을 고려하여 선정되어야 한다.
- 표적시장의 선정에 있어서 가장 중요한 것은 시장의 매력성이다. 즉, 높은 매출액이 달성될 수 있고, 높은 시장성장이 예상되는 시장이 매력적이다.
- 서로 다른 국가 및 지역에 존재하는 표적시장은 해당 국가 또는 지역의 여러 가지 환경적 요인들에 의해 지속적으로 영향을 받기 때문에 주기적으로 재평가되어야 한다. 중장기적 관점에서 볼 때, 어떤 특정 표적시장으로의 진입이 시간적으로 지체되는 경우에는 표적시장을 다시 선정해야 하는 상황이 나타날 수 있다.

신제품 개발의 초기단계에서 수립해야 할 예비적 마케팅 4P 믹스전략과 관련된 주요 변수를 제시하면 다음과 같다(구체적인 내용은 제8장 참고).

- 제품(product) : 신제품의 제품속성, 브랜드, 포장, 제품보증 및 제품판매 후 서비스 등
- 가격(price) : 신제품의 가격결정, 수출가격 등
- 유통(place) : 신제품의 유통경로의 구조 및 설계, 물적 유통 등
- 촉진(promotion) : 신제품의 광고, 인적 판매, 홍보, 판매촉진 등

7.2.4 사업성 분석

사업성 분석은 예비적 마케팅계획, 기술적 계획, 재무적 검토 및 추정 예산의 수립 등을 포함한다.[11] 또한 이러한 사업성 분석은 신제품 도입 이후의 이윤달성을 위한 잠재성 예측과도 관련되어 있다. 사업성 분석과 관련하여 다음과 같은 주요 사항들이 검토되어야 한다.

- 예비적 마케팅계획 : 이것은 앞서 언급한 마케팅전략의 개발과 연결되어 있다. 즉, 이것은 예비적 마케팅계획의 수립을 통하여 신제품이 시장에서 성공할 것인가를 미리 검토하는 것이다.

- 기술적 계획 : 기술적 계획은 신제품 개발과 관련된 기술의 사업성을 염두에 두고 수립되어야 한다.

- 재무적 검토 : 신제품 개발과 시장도입에 대한 재무적 검토는 경제성 분석과 관련되어 있다. 경제성은 '어떤 특정 기간 동안 지출한 비용 또는 자원과 수익과의 관계'로 정의할 수 있다.[12] 경제성 분석은 원가 절감 및 이윤증가 등과 같은 미래관련적인 성과기준뿐만 아니라, 자본 가치도 아울러 검토해야 하기 때문에 원가계산, 손익계산 및 자본가치 평가 등과 같은 방법을 일반적으로 사용하여 수행된다.

- 추정 예산의 수립 : 신제품 개발과 시장도입을 위한 추정 예산이 수립하는 것은 신제품 아이디어를 구체적으로 실현하기 위한 가장 중요한 의사결정에 속한다.

---

11 Trott(2012), p. 567.
12 Horváth(1988), p. 3; Heyde et al.(1991), p. 119; Bea/Dichtl/Schweitzer(Ed., 1994b), p. 3.

- 신제품 도입 이후의 이윤달성을 위한 잠재성 예측 : 잠재성 예측은 잠재적 수요, 지출규모(예를 들면, 신제품 개발과 시장도입 비용), 마케팅 비용 등을 포함한다.

7.2.5 기술적 개발

기술적 개발은 신제품의 시장도입과 관련하여 가장 중요한 활동인 신제품 개발, 제조 및 생산공정 등의 설계를 포괄한다. 제품개념이 사업성 분석을 거쳐 시장도입의 성공 가능성과 경제성을 입증한다면 물리적인 제품개발이 이루어지고, 제조 및 생산공정이 설계되어야 한다. 이 단계에서 가장 중요한 역할은 연구개발, 생산 및 마케팅부서가 담당한다. 연구개발부서는 신제품의 기술적 목표를 달성하기 위한 기술개발을 책임진다. 또한 생산부서는 신제품의 제조 또는 생산을 위한 공정을 설계하여 구체화시켜야 한다. 마지막으로 마케팅부서는 다음 단계에서 중요하게 고려해야 하는 시장테스트를 한 후 신제품을 시장에 도입하게 된다. 이 단계에서 다음과 같은 활동들이 구체적으로 수행된다.[13]

- 연구개발 팀의 구성과 개발 활동 : 신제품을 위한 기술적 개발을 담당할 연구개발 팀이 구성된다. 특히, 인적 및 물적 자원, 연구 기자재 또는 설비 등이 적절히 배치되어야 하며, 연구개발 팀의 개발 활동을 통하여 시제품이 완성된다.

---

13 이종옥 외(2005), p. 297 이하.

- **연구개발 결과의 잠재성 확인** : 연구개발 팀이 개발한 제품기술은 제조 또는 생산부서에서 그 잠재성이 평가되어야 한다. 특히, 여기에서는 제품기술의 공정상의 효과성과 효율성이 구체적으로 검토되어야 한다.
- **시제품의 잠재적 경쟁력의 확인** : 마케팅부서는 생산부서에서 공정상의 확인 과정을 거친 시제품을 대상으로 시장에서 어느 정도의 잠재적 경쟁력을 보유하고 있는지를 확인할 필요가 있다. 만일 시제품의 잠재적 경쟁력이 약한 것으로 평가될 경우, 연구개발과 생산부서는 피드백 과정을 거쳐 시제품을 수정·보완하여야 한다.

7.2.6 시장테스트

시장테스트(market test)는 개발된 신제품이 시장에 도입되기 전에 이루어지는 평가활동을 말하며, 이를 통하여 고객욕구와 신제품 간의 편차가 수정될 수 있다(제5장, 5.3.2 참고). 시장테스트와 관련된 주요 고려사항들은 다음과 같다.[14]

- **시장** : 현재의 구매패턴, 기존의 세분시장, 이용 가능한 제품들에 대한 고객의 생각
- **구매의도** : 시범구매 및 재구매, 브랜드 교체에 대한 장벽, 교체비용
- **신제품 개선** : 전반적 제품개념, 제품개념의 특징

---

14 Trott(2012), p. 525 이하.

신제품에 대한 시장테스트는 다음과 같은 다양한 방법을 통하여 수행될
수 있다.[15] 기업은 상황에 따라 아래에 제시한 방법들 중에서 특정 방법을
선택하여 시장테스트를 할 수 있다.

- 개념테스트(concept tests) : 이것은 신제품에 대한 고객의 반응을 파악
  하기 위한 질적인 방법(예를 들면, 그룹토의)을 의미한다. 개념테스트에서
  는 그룹토의를 통하여 제품의 특성과 신뢰성, 시장에서의 수용, 사용
  방법, 사용시점 및 사용자 등에 대하여 개념적 평가가 이루어진다. 예
  를 들면, 개념테스트를 통하여 신제품에 대한 고객의 구매의도는 다음
  과 같은 다섯 가지의 평가결과로 유추할 수 있다. 만일 개념테스트를
  통하여 신제품이 '확실히 구입함'이라는 평가를 받는다면 더 이상의
  수정사항 없이 신제품을 출시할 수 있다. 반면에, 신제품이 '절대로 구
  입하지 않음'이라는 평가를 받는다면 신제품을 출시할 수 없거나 대폭
  수정한 이후에 출시할 필요가 있다. 다섯 가지의 평가결과는 아래와
  같다.
  - 확실히 구입함
  - 아마도 구입함
  - 구입할 수 있음
  - 아마도 구입하지 않음
  - 절대로 구입하지 않음
- 테스트센터(test center) : 소비자를 대상으로 신제품을 테스트를 할 때
  규모가 크고, 비용이 많이 들고, 복잡할 경우 테스트센터를 이용하여

---

15 전게서, p. 528 이하.

신제품에 대한 테스트가 수행될 수 있다.

- 홀 테스트(hall test)/모바일 숍(mobile shops) : 이 방법은 판매점 또는 이동형 매장(mobile caravan)에서 소비자를 대상으로 실제로 테스트하는 것을 말한다.

- 제품사용 테스트(product-use test) : 이 방법은 일반적으로 B to B 시장(business to business market)에서 수행된다. 소비재인 경우, 잠재적 소비자 집단이 신제품을 사용한 후 그 결과가 도출된다. 산업재인 경우, 실제 제품의 제조 또는 조립에 투입된 후 그 결과가 확인된다.

- 무역 박람회(trade shows) : 다양한 형태의 무역 박람회(예를 들면, 전시회)에 신제품을 출시하여 신제품에 대한 소비자 또는 고객의 반응이 파악될 수 있다.

- 단일 제품 테스트(monadic test) : 이 방법은 잠재적 소비자 또는 고객을 대상으로 단일 제품에 대하여 테스트하는 것을 말한다.

- 짝 비교(paired comparison) : 이것은 잠재적 소비자 또는 고객을 대상으로 단일 제품이 아닌 최소 둘 이상의 제품에 대하여 테스트하는 것을 말한다.

- 실제사용 테스트(in-home placement test) : 이 방법은 실제로 신제품을 사용하면서 테스트하는 것을 말한다. 이 방법은 소량 출시가 이루어진 상황에서 신제품을 테스트한 후, 신제품에 대한 문제점이 발견된 경우 이를 보완한 후 대량 출시가 이루어지게 된다.

- 테스트 패널(test panels) : 이 방법은 대표성을 띠는 소비자 패널을 활용하여 신제품에 대한 시장테스트를 하는 것이다.

위와 같은 신제품에 대한 다양한 시장테스트의 방법을 활용하여 그 결과가 도출되면 이를 바탕으로 신제품에 대한 수정 또는 보완이 이루어진다. 신제품이 시장에 도입되기 전에 고객욕구와 신제품 간의 편차를 적시에 수정하여 신제품을 시장에 도입한다면 기업은 그들이 추구하는 시장목표를 달성할 수 있으며, 소비자 또는 고객은 그들이 원하는 신제품을 만족스럽게 구매할 수 있다.

7.2.7 사업화

사업화(commercialization)는 상업화 또는 상품화라고도 하며, 신제품이 시장에 도입되는 출시(launching) 단계를 의미한다. 시장테스트의 결과에 따라 신제품을 수정 또는 보완하여 최종적인 시장도입이 이루어진다. 이 단계에서는 구체적인 마케팅전략 또는 믹스전략이 수립되고 실행되어야 한다. 사업화 단계에서는 신제품 마케팅이 실제적으로 수행되는 것으로 볼 수 있다 (자세한 내용은 제8장 참고).

사업화 단계에서는 무엇보다도 다음과 같은 측면들에 대한 의사결정이 중요한 의미를 갖는다.[16]

- 신제품 도입시점의 결정 : 신제품 도입시점의 결정은 기업의 상황과 경쟁기업의 상황을 고려하여 이루어진다. 도입시점에서는 다음과 같은 세 가지 중에서 하나를 선택할 수 있다
  - 최초 도입 : 경쟁기업보다 먼저 도입

---

16 이종옥 외(2005), p. 299 이하.

- 동시 도입 : 경쟁기업과 동시에 도입
- 후발 도입 : 경쟁기업보다 늦게 도입

● 신제품 도입지역 결정 : 이것은 신제품을 어느 지역 또는 국가에 판매할 것인가를 결정하는 것과 관련되어 있다.
- 국내시장 : 도시, 농촌, 지역별 도입
- 국제시장 : 지역(**예** 아시아, 유럽, 북미, 남미 등) 또는 국가별 도입

● 신제품 목표시장의 설정: 이 단계에서 마케팅관리자는 시장세분화를 통하여 분류된 세분시장들을 비교·평가한 후 진입할 만한 가치가 있거나 잠재성이 높은 시장과 그 범위를 결정한 후 표적시장에 신제품을 도입한다.

● 신제품 도입전략의 실행 : 이것은 구체적인 신제품 마케팅전략 또는 믹스전략의 실행과 관련되어 있다. 이것은 마케팅 4P에 대한 주요 의사결정을 포괄하며, 구체적으로 제품, 가격, 유통 및 촉진 등의 활동을 계획하고 실행한다.

7.3 신제품 개발을 위한 주요 접근법

7.3.1 Stage-gate 모델

쿠퍼(*Cooper*)에 의해 개발된 Stage-gate 모델(Stage-gate model)은 가장 잘 알려진 신제품 개발의 방법이다.[17] stage는 단계를 의미하고, gate는 관문을 뜻

---

17 Cooper/Kleinschmidt(1991), p. 137 이하; 김길선 역, Schilling 저(2017), p. 287 이하.

그림 7-2	Stage-gate 프로세스

발견: 아이디어창출
Gate 1: 아이디어선별
Stage 1: 범위 규정 쉽게 가용한 정보들을 활용하여 예비 프로젝트들의 수를 줄이는 사전 범위 설정
Gate 2: 아이디어에 대한 추가 조사를 할 가치가 있는가?
Stage 2: 사업계획의 구성 제품의 정의, 사업 타당성, 프로젝트 수행 계획을 포함하는 사업계획을 구성하기 위해서 필요한 시장과 기술 조사
Gate 3: 사업계획의 구성
Stage 3: 개 발 구체적인 제품 디자인, 개발, 그리고 테스트, 또한 생산과 출시에 관한 계획들도 개발
Gate 4: 프로젝트가 외부 검증의 단계로 넘어가야 하는가?
Stage 4: 테스트와 검증 제안된 신제품, 마케팅 그리고 생산 계획의 검증 (실험 생산/판매 테스트도 포함 가능)
Gate 5: 제품은 상업적 출시 준비가 되었는가?
Stage 5: 출 시 제품 양산, 홍보와 판매 시작
출시 이후 평가 계획 대비 실적은? 배운 점은?

자료원: Cooper(2011).

하는 영어 단어이다. 이 모델에서는 신제품 개발의 주요 단계에 따라서 신제품 개발 관리자가 프로젝트를 중단(kill)하거나 진행(go)시키는 의사결정을 하게 된다. 각 단계를 시작하기에 앞서 다음 단계로 신제품 개발 프로젝트를 진행해야 할지를 결정하는 것은 신제품 개발과 관련된 비용절감과 위험회피의 관점에서 이루어진다. 각 단계별로 정확한 평가가 이루어지지 않은 상태에서 다음 단계로 넘어간다면, 향후에 막대한 비용이 발생할 수 있을 뿐만 아니라, 위험상황이 나타날 수도 있다.

〈그림 7-2〉는 Stage-gate 프로세스를 보여준다. 이 그림에 제시되어 있는 것처럼 신제품 개발 관리자는 각 gate별로 다음 단계로 이동할지에 대한 의사결정을 한다.

7.3.2 품질기능전개

품질기능전개(Quality Function Deployment, 이하에서는 QFD라고 함)는 일본에서 개발된 품질경영을 위한 방법 중의 하나이며, 신제품 개발을 위해 활용된다. QFD는 고객의 요구사항을 제품의 기술특성으로 변환하고, 이를 다시 부품특성과 공정특성, 그리고 생산에서의 구체적인 옵션과 활동으로까지 변환시키는 방법이다. QFD의 주요 목적은 신제품의 개발기간을 단축하고, 제품의 품질을 향상시키는 것이다. 이러한 목적을 달성하기 위하여 신제품 개발의 초기 단계부터 연구개발, 마케팅 및 생산부서가 서로 협력하는 것이 요구된다.[18]

---

18 김길선 역, Schilling 저(2017), p. 290.

〈그림 7-3〉은 QFD의 활용사례를 보여준다. 이 그림은 마치 집 모양처럼 생겼다고 하여 '품질의 집(house of quality)'이라고 한다. QFD의 활용방법을 보여주는 '품질의 집'은 제품의 엔지니어적인 속성과 고객의 욕구를 연결하는 매트릭스의 형태로 만들어진다. 〈그림 7-3〉에 제시된 자동차문의 개발사례를 위한 매트릭스는 다음과 같은 일련의 단계를 거쳐 완성된다.[19]

- 고객 요구의 이해 : 자동차문의 5가지 속성(예를 들면, 열기 쉬움, 언덕에서 열린 채로 유지, 비가 새지 않음, 도로 소음 차단, 충돌로부터 보호)이 파악됨
- 고객의 요구사항들에 대한 중요도 평가 : 고객의 관점에서 중요도(가중치)가 다음과 같이 평가됨, 열기 쉬움(15%), 언덕에서 열린 채로 유지(10%), 비가 새지 않음(35%), 도로 소음 차단(20%), 충돌로부터 보호(20%)
- 자동차문의 성능을 결정하는 기술적 속성의 확인 : 문의 무게, 이음새의 견고함, 문에 달린 고무의 타이트한 정도, 창문에 달린 고무의 타이트한 정도 등 4개의 기술적 속성이 확인됨
- 어떤 하나의 기술적 속성이 다른 하나의 기술적 속성에 미치는 영향의 확인 : 긍정적 또는 부정적 평가, 이 매트릭스에서는 '문의 무게'와 '이음새의 견고함' 간에 '부(-)의 상관관계'가 있음(문이 무거울수록 이음새의 견고함이 떨어진다는 것을 의미함)
- 매트릭스의 각 셀에 기술적 속성과 고객의 요구 사이의 관계를 평가함 : 1(매우 약함)-9점(매우 강함) 사이에서 평가함
- 각 기술적 속성에 대한 상대적 중요도의 평가 : 중요도와 각 기술적 속성

---

19 전게서, p. 291 이하.

의 평가점수를 곱한 값을 합산함, 문의 무게(365), 이음새의 견고함 (135), 문에 달린 고무의 타이트한 정도(495), 창문에 달린 고무의 타이트한 정도(495)

- 경쟁자 A와 B의 제품들(자동차문)을 각각 평가함:
  1(요구가 반영되지 않았음)-7점(요구가 완벽하게 만족되었음) 사이에서 평가함
- 각 기술적 속성의 상대적 중요성 점수와 경쟁제품들의 평가점수의 비교:
  비교 결과에 따라 각 디자인 요구사항들에 대한 목표수준(예를 들면, 문의 최적 무게 등)을 결정함

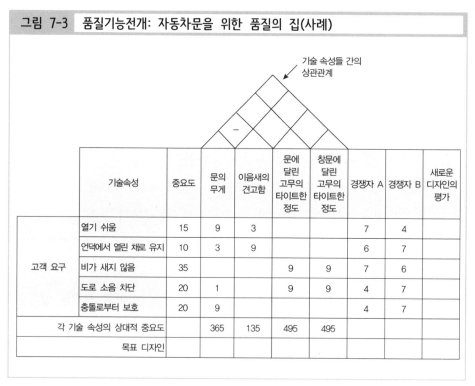

그림 7-3 품질기능전개: 자동차문을 위한 품질의 집(사례)

	기술속성	중요도	문의 무게	이음새의 견고함	문에 달린 고무의 타이트한 정도	창문에 달린 고무의 타이트한 정도	경쟁자 A	경쟁자 B	새로운 디자인의 평가
고객 요구	열기 쉬움	15	9	3			7	4	
	언덕에서 열린 채로 유지	10	3	9			6	7	
	비가 새지 않음	35			9	9	7	6	
	도로 소음 차단	20	1		9	9	4	6	
	충돌로부터 보호	20	9				4	7	
각 기술 속성의 상대적 중요도			365	135	495	495			
목표 디자인									

자료원 : 김길선 역, Schilling 저(2017), p. 291.

• 이전 단계에서 수립된 디자인 목표수준에 기초하여 만들어진 새로운 디자인을 평가함 : 매트릭스 오른쪽에 있는 '새로운 디자인의 평가' 부분에 1(요구가 반영되지 않았음)-7점(요구가 완벽하게 만족되었음) 사이에서 평가한 후, 경쟁제품들의 평가점수와 새로운 디자인 점수를 비교함

신제품 마케팅

CHAPTER 08

CHAPTER 08

신제품 마케팅

8.1 신제품 마케팅의 의의

8.1.1 신제품의 시장도입

신제품의 시장도입(market introduction)은 신제품이 개발되고, 시장테스트가 성공적으로 수행된 이후에 이루어진다. 신제품의 시장도입으로 인하여 새로운 제품수명주기가 시작된다. 즉, 신제품의 시장도입을 통하여 신제품은 제품수명주기상의 도입기에 접어든다. 또한 신제품의 시장도입은 신제품이 시장으로 널리 확산(diffusion)하는 것을 의미한다.

신제품의 시장도입과 더불어 나타나는 소비자 관점에서의 신제품의 제품수용과정(product adoption process)은 다음과 같은 단계를 거친다.[1]

---

1 Solomon/Stuart(2003), p. 268 이하.

- 인식(awareness) : 이것은 소비자가 신제품의 존재를 알게 되는 단계이며, 소비자는 광고 또는 구전으로 인하여 신제품 정보에 노출된다.
- 관심(interest) : 이것은 소비자가 신제품에 대한 흥미를 가지고 정보를 탐색 또는 수집하는 단계이다.
- 평가(evaluation) : 이것은 소비자가 신제품의 장단점을 평가하는 단계이다. 이 단계에서 소비자는 제품의 사용여부를 결정한다.
- 시도(trial) : 이 단계에서 소비자는 신제품의 유용성을 결정하기 위하여 제품을 시험한다. 이 단계에서 소비자는 제한적 범위 내에서 신제품 채택, 신제품 성능 확신 차원의 견본품을 구매한다. 아울러 소비자는 신제품의 견본 구해보기, 소량 구매 또는 상점 방문을 통한 제품시험 등을 시도함으로써 신제품에 대하여 보다 확실한 평가를 내린다.
- 수용(adoption) : 이것은 소비자가 신제품의 가치를 인정하여 구매를 수용하는 단계이다. 즉, 소비자는 신제품을 구매하여 사용한 후 신제품에 대하여 긍정적으로 평가하게 된다.
- 확인(confirmation) : 이것은 소비자가 신제품을 수용한 후 자신의 선택이 옳았는지를 지속적으로 확인하는 단계이다. 만일 신제품에 대한 신뢰도가 형성되었다면, 이 신제품에 대한 충성도가 높아질 수 있고, 구전효과가 나타날 수 있다.

8.1.2 신제품 마케팅의 의의

신제품 마케팅(new product marketing)은 '새롭게 개발된 신제품을 기초로 하여 고객의 욕구를 충족시키기 위하여 수행되는 교환활동'으로 정의될 수 있다.

이 정의에 포함되어 있는 용어들을 구체적으로 살펴보면 다음과 같다.[2]

- 신제품(new product) : 신제품 개발과정을 거쳐 시장에 도입되는 제품
- 고객(customer) : 제품 또는 서비스를 최종적으로 소비하는 사용자 또는 소비자(개인, 기업, 국가, 기관 및 비영리단체 등을 포괄함)
- 욕구(needs or wants) : 제품 또는 서비스를 취득하기를 원하는 잠재적 또는 실제적 고객의 심리적 상태
- 충족(satisfaction) : 고객이 원하는 제품 또는 서비스를 구매함으로써 느끼는 심리적 만족감
- 교환활동(exchanges) : 제품 또는 서비스를 고객에게 판매하고, 그 가격만큼 다른 제품 또는 서비스를 얻거나(예를 들면, 물물교환) 또는 화폐(예를 들면, 외환획득)를 얻는 활동

또한 신제품 마케팅은 신제품 개발과 시장도입을 바탕으로 기업이 통제불가능한 국내 환경과 글로벌 환경의 제약조건 내에서, 제품(product), 가격(price), 유통(place) 및 촉진(promotion) 등과 같은 통제 가능한 마케팅 4P 요소들을 활용하여 이윤을 추구하는 기업활동이다. 〈그림 8-1〉은 마케팅의 환경과 마케팅 4P 믹스를 보여준다. 이 그림에 나타나 있는 바와 같이 신제품 마케팅을 성공적으로 수행하기 위해서는 국내 환경과 기업이 활동하고 있거나 활동하려는 국가들(1, 2,..., N)의 환경을 분석하여 신제품을 위한 마케팅 4P 믹스전략이 수립되어야 한다.

---

2 박주홍(2013), p. 30.

그림 8-1 마케팅의 환경과 마케팅 믹스

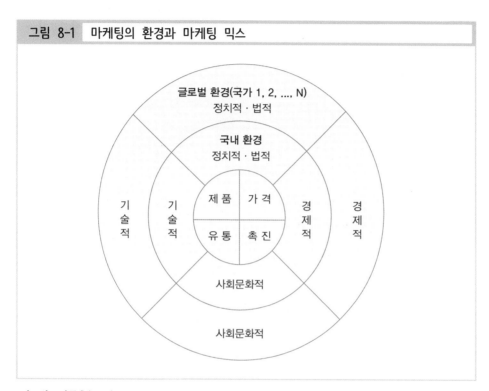

자료원 : 박주홍(2013), p. 31.

넓은 의미에서 볼 때, 신제품 마케팅은 혁신 마케팅(innovation marketing) 의 관점에서 고찰될 수 있다. 신제품 개발과 시장도입은 경쟁우위의 달성이 라는 혁신 마케팅의 목표와 관련되어 있다. 이러한 혁신 마케팅의 목표시스 템은 〈그림 8-2〉에 제시되어 있다.

이 그림에 나타나 있는 바와 같이, 무엇보다도 먼저 신제품의 시장 지향 적 개발은 고객에게 적합한 제품개념을 충족시켜야 하고, 신제품의 혁신에 대한 고객의 준비는 수요자 불확실성 회피를 뒷받침해야 한다. 아울러 고객 에게 적합한 제품개념과 수요자 불확실성 회피는 외부적 수용(예를 들면, 시장 에서의 신제품 수용)을 창출해야 한다. 마지막으로, 내부적 수용의 창출(예를 들면, 기업에서의 신제품 개발)과 외부적 수용의 창출을 통하여 신제품에 대한 경쟁우위가 달성되어야 한다.

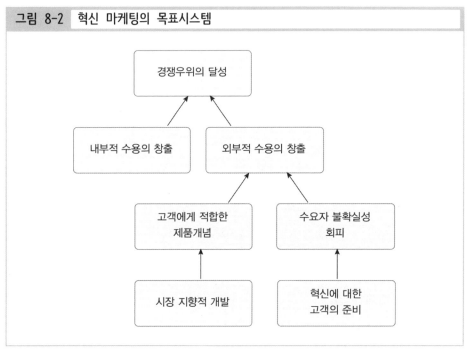

그림 8-2 혁신 마케팅의 목표시스템

자료원 : Vahs/Burmester(2005), p. 266.

8.2 신제품 마케팅을 위한 STP 전략

STP 전략은 시장세분화(market segmentation), 표적시장선정(targeting) 및 포지셔닝(positioning)과 관련된 전략을 말한다. 신제품 마케팅의 관점에서 이러한 전략들에 대한 주요 의미를 각각 살펴보면 다음과 같다.

8.2.1 시장세분화

기업이 생산한 신제품을 판매하려고 할 때 기업이 해야만 하는 가장 중요한 일들 중의 하나는 잠재적 소비자를 파악하는 것이다. 기업이 활동하거나 진입하기를 원하는 국가 또는 지역의 시장은 서로 다른 욕구를 가진 소비자들의 집합으로 구성되어 있다. 시장세분화는 다양한 욕구를 가진 소비자들을 일정한 기준에 따라 몇 개의 동질적인 소비자 집단으로 나누는 것을 말한다.[3]

시장세분화는 표적시장선정과 포지셔닝전략을 수립하기 위한 전단계의 성격을 갖고 있을 뿐만 아니라, 효과적이고 효율적인 마케팅 믹스전략의 실행을 위한 전제조건이다. 시장세분화가 필요한 이유는 다음과 같이 요약될 수 있다.[4]

- **고객욕구의 충족** : 기업은 시장세분화를 통하여 각 세분시장의 환경 또는 상황에 적합한 마케팅믹스를 할 수 있기 때문에 고객욕구를 더욱 잘 충족시킬 수 있다.
- **표적시장선정과 포지셔닝전략의 실행** : 기업은 시장세분화를 함으로써 성공 가능성이 높은 표적시장을 선정할 수 있을 뿐만 아니라, 그 시장에서 제품의 위치를 확고히 구축하게 하는 포지셔닝전략을 실행할 수 있다.
- **효율적 마케팅 자원의 배분** : 기업이 보유하고 있는 마케팅 자원은 한정

---

3 전게서, p. 114 수정 재인용.
4 전게서, p. 116 이하 수정 재인용.

되어 있기 때문에 전 세계의 모든 시장을 표적시장으로 선정하는 것
은 거의 불가능하다. 그러므로 기업은 시장세분화를 통하여 각 세분시
장의 특성을 파악한 후 표적시장을 선정할 뿐만 아니라, 각 표적시장
에 적합한 마케팅 믹스전략을 수립하여야 한다.

시장세분화는 다음과 같은 방법을 통하여 이루어진다.[5] 〈표 8-1〉은 시
장세분화의 기준별 주요 변수와 분류방법의 예를 보여준다.

- 지리적 세분화(geographic segmentation) : 이것은 시장을 지리적 기준에
  의해 나누는 것을 말하며, 가장 널리 사용되고 있는 시장세분화 방법
  중의 하나이다.
- 인구통계적 세분화(demographic segmentation) : 이것은 연령, 성별, 가족
  구성, 소득, 직업, 학력, 종교 및 인종 등과 같은 인구통계적 변수를
  기초로 시장을 분류하는 것이다.
- 심리적 세분화(psychographic segmentation) : 이것은 사회계층, 라이프스
  타일 및 개성 등과 같은 심리적 변수에 근거하여 시장을 분류하는 방
  법이다.
- 행동적 세분화(behavioral segmentation) : 이것은 구매·사용 시기, 추구
  하는 편익, 사용경험, 사용량, 브랜드 충성도 및 구매준비단계 등과 같
  은 제품 또는 제품속성에 대하여 소비자가 지니고 있는 행동적 변수
  에 기초하여 시장을 분류하는 것을 의미한다.

---

5 전게서, p. 122 이하 수정 재인용.

표 8-1	시장세분화의 기준별 주요 변수와 분류방법의 예	
기 준	변 수	분류방법의 예
지리적 기준	지 역	아시아, 유럽, 북미, 남미, 아프리카, 오세아니아
	인구밀도	도시, 교외, 농촌
	기 후	열대, 온대, 한대
인구통계적 기준	연 령	유년, 소년, 청년, 장년, 중년, 노년
	성 별	남자, 여자
	가족구성	대가족, 핵가족
	소 득	저소득, 중소득, 고소득
	직 업	전문직, 공무원, 사무직, 판매원, 농어민 등
	학 력	무학력, 초졸, 중졸, 고졸, 대졸, 대학원졸
	종 교	개신교, 가톨릭, 불교, 회교, 무교, 기타
	인 종	백인, 흑인, 황인 등
심리적 기준	사회계층	상류, 중상류, 중류, 중하류, 하류
	라이프스타일	보수적, 진보적, 성취적, 합리적 등
	개 성	강제적, 사교적, 권위적, 야심적 등
행동적 기준	구매·사용 시기	규칙적, 불규칙적, 특수적
	추구하는 편익	기능, 품질, 경제성, 디자인, 서비스 등
	사용경험	비사용자, 최초사용자, 잠재적 사용자, 기존사용자
	사용량	소량, 보통, 대량
	브랜드 충성도	없음, 보통, 강함, 절대적
	구매준비단계	무지, 인지, 관심, 원함, 구매의도

자료원 : 문병준 외(2007), p. 141; 김주헌(2004), p. 179; 저자에 의해 일부 수정됨.

8.2.2 표적시장선정

앞서 설명한 바와 같이 신제품이 개발된 이후에 제품이 판매될 표적시장은 시장세분화를 통하여 분류된 세분시장들을 비교·평가한 후 선정된다. 그러므로 표적시장선정에 있어서 진입할 만한 가치가 있거나 잠재성이 높은 시장과 그 범위를 결정하는 것은 매우 중요하다. 이러한 의사결정을 통하여 선정된 시장을 표적시장(target market)이라고 하며, 표적시장을 선정하는 행위를 타겟팅(targeting)이라고 한다(제7장, 7.2.3 참고).

신제품 마케팅관리자는 각 세분시장들을 평가한 후 진입할 만한 가치가 있는 표적시장을 선정한다. 그리고 이러한 과정을 거쳐 표적시장이 선정되면, 그 다음 단계로 적절한 표적시장 마케팅전략이 수행되어야 한다. 표적시장에서의 마케팅전략은 다음과 같은 네 가지로 분류할 수 있다.[6] 〈그림 8-3〉은 표적시장 마케팅전략의 유형을 제시한다.

- 비차별적 마케팅전략(undifferentiated marketing strategy) : 이것은 기업이 각 세분시장 간의 차이를 무시하고 이들 시장에서 동일한 마케팅 4P 믹스전략을 수행하는 것을 말한다.
- 차별적 마케팅전략(differentiated marketing strategy) : 이것은 기업이 차별화된 마케팅 4P 믹스전략을 수립하여 복수의 세분시장을 표적으로 선정한 후 마케팅활동을 수행하는 것을 의미한다.
- 집중적 마케팅전략(concentrated marketing strategy) : 이것은 기업이 마케팅 4P 믹스를 개발한 후, 단일의 세분시장에 초점을 맞추어 전략을 실행하는 것을 말한다.
- 고객맞춤 마케팅전략(customized marketing strategy) : 이것은 단일의 고객 또는 소비자를 대상으로 마케팅믹스를 구성하여 마케팅활동을 수행하는 것을 말한다.

---

6 Keegan(2002), p. 201 이하; Solomon/Stuart(2003), p. 232 이하.

그림 8-3 **표적시장 마케팅전략의 유형**

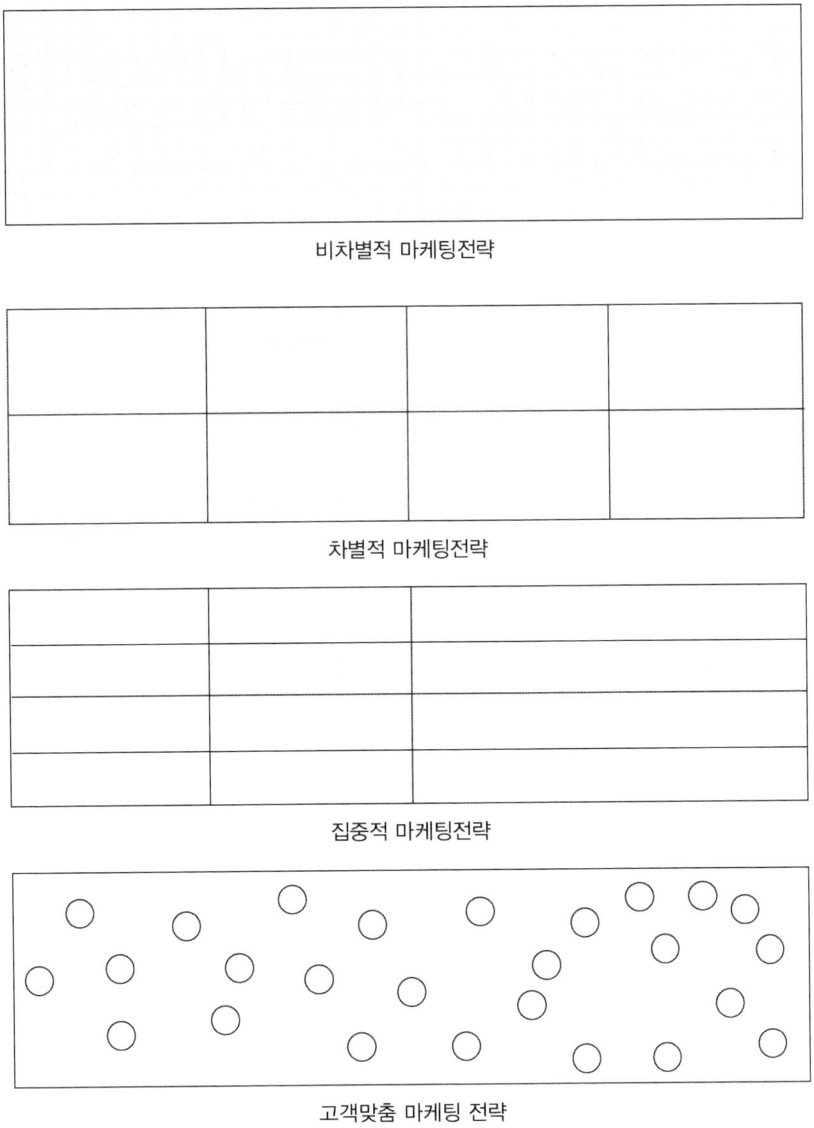

비차별적 마케팅전략

차별적 마케팅전략

집중적 마케팅전략

고객맞춤 마케팅 전략

자료원 : Solomon/Stuart(2003), p. 233.

8.2.3 포지셔닝

신제품을 판매할 표적시장을 선정한 후 기업이 그 다음으로 수행해야 할 과제는 그 시장에서 제품 또는 서비스의 위치를 선정하는 것이다. 포지셔닝은 고객 또는 소비자의 의식 속에 제품 또는 서비스에 대한 확고한 브랜드 이미지(brand image)를 확립하는 것을 말한다.[7]

포지셔닝의 가장 중요한 목적은 효과적이고 효율적인 마케팅 믹스프로그램의 개발을 통하여 기업의 제품 또는 서비스에 대한 브랜드 이미지를 고객들에게 확고히 심어주는 것이다. 글로벌 기업의 관점에서 볼 때, 전 세계적으로 통일적인 브랜드 이미지가 형성될 수도 있고, 국가 및 지역에 따라 서로 다른 브랜드 이미지가 구축될 수도 있다. 기업이 신제품에 대한 성공적인 포지셔닝전략을 개발하기 위해서는 다음과 같은 측면들이 고려되어야 한다.

- 국가 및 지역별 사회문화적 환경의 차이
- 제품 또는 서비스의 사용용도의 차이
- 기업이 보유하고 있는 인적 및 물적 마케팅자원

포지셔닝전략은 다음과 같은 6단계의 절차를 거쳐 수립된다.[8]

- 경쟁제품 또는 브랜드와 관련된 상황을 확인한다. 경쟁의 근간은 무엇인가?

---

7 반병길/이인세(2008), p. 121.
8 Kotabe/Helsen(2011), p. 236.

- 제품, 브랜드 및 경쟁에 대하여 소비자가 갖고 있는 현재의 인식을 파악한다.
- 가능한 포지셔닝주제들을 개발한다.
- 포지셔닝대안들을 심의하고, 가장 매력적인 대안을 선정한다.
- 선정된 포지셔닝전략을 수행하게 될 마케팅 믹스전략을 개발한다.
- 시간의 경과에 따라 포지셔닝전략의 효과를 검토한다. 만일 이 전략이 효과적이지 않다면, 실패의 원인이 잘못된 실행에 의한 것인지 또는 잘못 발상된 전략에 의한 것인지를 확인한다.

8.3 신제품 마케팅 믹스전략

8.3.1 신제품 마케팅 믹스전략의 의의

신제품 마케팅 믹스전략(marketing mix strategy for new product)은 기업이 표적시장에서 신제품 마케팅 목표를 달성하기 위하여 그들이 보유하고 있는 통제 가능한 마케팅 자원을 결합하여 전략적 대안을 개발하는 것을 의미한다. 이러한 통제 가능한 마케팅 자원은 제품(product), 가격(price), 유통(place) 및 촉진(promotion) 등이며, 이것들을 총칭하여 4P라고 한다.

신제품 마케팅 믹스전략은 표준화 또는 차별화를 통하여 수행된다. 신제품 믹스전략의 표준화(standardization)는 모든 신제품 시장에서 동일한 마케팅 프로그램을 사용하여 고객 또는 소비자에게 접근하는 것을 말한다. 반면에, 신제품 마케팅 믹스전략의 차별화(differentiation)는 적응화(adaptation)라고도

하며, 이것은 서로 다른 신제품 시장(예를 들면, 국가 또는 지역)에 따라 마케팅 프로그램을 다르게 적용하는 것을 의미한다.

특히, 이러한 차별화는 강제적 차별화(mandatory differentiation)와 임의적 차별화(discretionary differentiation)로 구분할 수 있다.[9] 강제적 차별화는 현지국 정부의 규제 또는 법률규정(예를 들면, 제품에 대한 표준, 가격통제, 유통과 촉진수단의 제한 등) 및 환경적 요인 때문에 기업이 의무적으로 실행해야만 하는 차별적인 마케팅프로그램에 바탕을 두고 있다. 이와 반대로 임의적 차별화는 기업의 전략 또는 상황판단에 따라 마케팅프로그램을 국가 또는 지역에 따라 서로 다르게 구성하는 것을 의미한다.

8.3.2 신제품 마케팅을 위한 4P 전략

제품(product)

신제품과 관련된 주요 의사결정영역은 제품변경, 브랜드, 원산지 효과, 포장, 레이블링, 제품보증 및 제품판매 후 서비스 등과 같은 다양한 측면들을 포괄한다. 신제품의 관점에서 이러한 측면들과 관련된 주요 의미를 살펴보면 다음과 같다.

- 제품변경(product variation) : 이것은 신제품이 출시된 이후에 서로 다른 시장에서 표출되는 고객의 욕구와 반응, 그리고 기업의 전략적 선택

---

9 Czinkota./Ronkainen(1995), p. 267; 박주홍(2013), p. 208 이하 재인용.

등에 따라 제품의 일부분을 수정하는 것을 의미한다. 예를 들면, 기업이 새로운 모델의 가솔린 및 디젤 자동차를 출시한 이후에 고객의 요구에 따라 배기량이 다른 모델을 추가하는 경우, 이것은 제품변경에 해당된다.

• 브랜드(brand) : 이것은 신제품의 이미지를 전달하는 수단으로 사용되며, 경쟁자의 제품과 구별하기 위하여 사용되는 이름, 말, 상징 또는 이들의 결합을 말한다.[10] 고객들은 브랜드를 통하여 신제품의 제조업자를 확인할 수 있다. 또한 법적 규정에 근거하여 브랜드를 등록하는 경우에는 배타적인 법적 보호가 가능하다.

• 원산지 효과(country of origin effect) : 이것은 제품의 원산지가 소비자의 구매에 영향을 미치는 것을 말한다.[11] 소비자들은 신제품을 구매할 때 그 제품의 모양 및 물리적 특성뿐만 아니라 그 제품이 생산된 국가를 고려하여 구매를 결정하는 경향이 있다. 그러므로 신제품을 어느 국가(예를 들면, 기업의 공장이 입지한 본국 또는 현지국)에서 제조할 것인가에 대한 의사결정은 매우 중요하다고 볼 수 있다.

• 포장(packaging) : 이것은 운송의 편의, 저장 및 판매 등을 위해 제품을 포장지, 천 등으로 싸거나, 또는 제품을 담는 용기를 만들고 디자인하는 마케팅 활동이다. 특히, 사회문화적 환경 및 자연적 환경 등이 서로 다른 국가의 고객을 대상으로 신제품 마케팅을 수행하는 경우, 글로벌 제품포장(global packaging)은 최종 고객에 제품을 안전하게 전달하고, 제품에 대한 시각적 관심을 유도하여 판매를 촉진하는 역할을 수행한다.

---

10 Czinkota/Ronkainen(1995), p. 275.
11 Terpstra/Sarathy(1994), p. 281 이하.

- 레이블링(labeling) : 레이블(label)은 포장의 일부분으로서 표찰이라고 하며, 제품에 부착된 표지를 의미한다. 레이블링은 제품에 표찰을 부착하는 것을 말한다. 신제품을 시장에 출시하기 위해서 기업은 브랜드명, 성분, 사용법, 제조일자, 제조업자 및 유통기한 등과 같은 제품정보가 기록된 표찰을 신제품에 부착하여야 한다. 또한 신제품을 글로벌 시장에 판매하려는 경우, 글로벌 레이블링(global labeling)이 수행되어야 한다. 이것은 글로벌 시장에 판매하려는 신제품에 레이블을 부착하는 것을 말하며, 이에 대한 의사결정은 언어, 정부의 규제 및 촉진 등을 고려하여 이루어져야 한다.[12]

- 제품보증(product warranty) : 이것은 소비자들이 구매한 제품의 품질, 성능 및 기능 등과 같은 제품속성에 심각한 문제가 발생할 경우, 기업이 이에 대하여 책임지는 것을 말한다. 예를 들면, 구매자가 신제품을 사용하는 도중에 기업이 문서로 약속한 보증조건을 충족시키지 못하는 문제점 또는 하자를 발견한다면, 구매자는 수리, 환불 또는 교환을 받을 수 있다.[13]

- 제품판매 후 서비스(after-sales service) : 이것은 시장에서 판매된 제품에 대하여 제조업체가 무상 또는 유상으로 수리나 점검 등을 해 주는 것을 의미한다. 만일 어떤 소비자가 구매한 신제품에 대한 제품판매 후 서비스가 제대로 이루어지지 않는다면, 그 제품에 대한 재구매가 지속될 수 없을 것이다. 기업의 관점에서 볼 때, 제품판매 후 서비스를 제공하기 위해서는 서비스 조직의 구축과 관련된 막대한 자금이 요구될 수 있기 때문에 서비스 조직의 운영여부는 매우 중요한 의사결정에

---

12 전게서, p. 286 이하.
13 최석신 외 역, Keegan/Green 저(2011), p. 408.

속한다. 또한 소비자의 관점에서 볼 때, 제품판매 후 서비스의 제공여
부는 구매한 신제품의 사용기간과 소비자의 만족도에 큰 영향을 미칠
수 있다.

가격(price)

가격은 제품 또는 서비스가 지니고 있는 가치를 화폐로 표시한 수치를
의미한다. 기업의 관점에서 볼 때 가격은 기업이 제품 또는 서비스를 생산
또는 창출하기 위하여 투입한 모든 비용(예를 들면, 인건비, 연구개발비, 생산비,
마케팅 비용 등)을 회수하고, 기업의 성장에 필요한 이익을 확보하기 위한 마
케팅수단이다. 반면에, 소비자의 관점에서 볼 때 가격은 소비자가 욕구충족
을 위하여 제품 또는 서비스를 구매하고 이에 대한 대가를 기업에게 지불한
금액을 말한다.[14]

신제품의 가격과 관련된 주요 의사결정영역은 가격결정과 수출가격결
정이다.

- 신제품의 가격결정 : 가격결정(pricing)은 기업이 판매하려는 신제품의 가
  치를 화폐로 표시하는 의사결정을 말한다. 일반적으로 신제품 가격결
  정은 다음과 같은 세 가지의 관점에서 이루어진다.[15]
  - 최초 가격책정 : 이것은 신제품을 시장에서 판매할 때 최초가격을
    결정하는 것을 말한다.

---

14 박주홍(2013), p. 248.
15 Czinkota/Ronkainen(1995), p. 290 이하; 이장로(2003), p. 296 이하; 반병길/이인세(2008), p.
   246 이하.

- 가격조정 : 이것은 신제품의 판매시점, 주문량, 고객, 국가 또는 지역 등에 따라 가격을 차별화하는 것을 의미한다. 즉, 가격조정은 국가 또는 지역별 가격차별화뿐만 아니라 할인(수량할인, 계절할인, 현금할인 등) 및 공제(소비자 대상의 보상판매, 유통 중간상 대상의 촉진공제 등) 등도 포함하고 있다.
  - 가격변경 : 이것은 환율변동과 인플레이션, 원가변동, 경쟁자의 가격변경 및 수요의 변화 등의 사유로 인하여 신제품의 가격을 다르게 책정하는 것을 말한다.
- 신제품의 수출가격결정 : 수출가격은 본사에서 만든 신제품을 해외시장에 수출할 때, 그리고 현지 자회사가 생산한 신제품을 본국 또는 제3국으로 수출할 때 책정하는 가격을 의미한다. 수출가격은 국내 판매가격에 비하여 더 높게 책정되는데, 그 이유는 국내 생산원가에 유통비용, 운송비, 보험료, 관세 및 중간상 수수료 등이 추가적으로 포함되기 때문이다. 이러한 현상을 가리켜 가격누증(price escalation)이라고 한다.

유통(place)

유통에 있어서 가장 중요한 의사결정은 유통경로(distribution channel)를 결정하는 것이다. 특히, 신제품의 유통은 신제품 생산자로부터 최종 소비자에게 이전되는 과정에 참여하는 개인, 관련 조직 및 기업의 집합을 의미한다. 일반적으로 유통활동은 신제품을 생산한 기업(직접유통경로)이나 전문적인 유통업체(간접유통경로)를 통하여 이루어진다. 유통경로는 한 번 구축이 되면 변경하기 어렵기 때문에 장기적인 관점에서 경로를 설계할 필요가 있다.

신제품의 유통경로는 기존 제품의 유통경로와 동일하게 구축될 수도 있고, 다르게 구축될 수도 있다. 일반적으로 신제품과 기존 제품을 모두 포괄하는 관점에서 볼 때, 유통경로는 소비재와 산업재에 따라 서로 다르게 구축되고 설계된다.

- 신제품의 유통경로의 구조 및 설계
  - 유통경로의 구조 : 일반적으로 소비재의 유통경로는 산업재의 유통경로보다 더 길고 복잡하다. 산업재는 제품생산에 필요한 부품, 가공품, 반제품, 기계 및 설비 등을 말하며, 이것은 소비재와는 달리 비교적 짧은 유통경로를 거쳐서 고객(기업)에게 판매된다. 또한 소비재 및 산업재는 직접 또는 간접유통경로를 통해 유통될 수 있다.
  - 유통경로의 설계 : 이것은 신제품 유통경로의 길이와 폭, 그리고 통제수준 등을 설계하는 것이다. 유통경로의 길이(channel length)는 경로 구성원의 단계의 수(예를 들면, 제조업체, 도매업체, 소매업체, 소비자 등으로 구성된 경우는 4단계임)를 의미한다. 반면에, 유통경로의 폭(channel width)은 같은 단계를 구성하는 유통기관의 수(예를 들면, 제조업체와 거래관계를 유지하는 도매업체의 수, 도매업체와 거래관계를 유지하는 소매업체의 수)를 의미한다. 그리고 통제수준은 제조업체가 유통경로 구성원들에게 미치는 영향력의 정도를 말한다. 예를 들면, 유통경로가 길어질수록 제조업체가 특정 제품에 대한 가격, 판매수량 및 촉진활동 등에 미치는 영향력은 줄어들 수 있다.[16]
- 신제품의 물적 유통(physical distribution) : 신제품의 물적 유통은 제조업체가 생산한 신제품이 고객에게 이동되는 과정에서 요구되는 운송, 보

---

16 박주홍(2013), p. 279 재인용.

관 및 재고관리 등과 같은 활동을 포괄한다. 이러한 활동의 주요 목표로는 유통비용의 절감, 운송시간의 단축, 납기의 준수 및 안전한 보관 등을 들 수 있다.[17]

촉진(promotion)

촉진은 커뮤니케이션(communication)이라고도 하며, 이것은 기업이 생산한 신제품을 고객들이 구매하도록 유도하기 위하여 신제품에 대한 정보를 제공하고, 잠재적 또는 실제적 소비자를 설득하여 그들의 생각, 태도 및 행동 등에 영향을 미치려는 목적으로 수행되는 마케팅활동을 말한다. 구체적인 촉진수단으로는 광고, 인적 판매, 홍보 및 판매촉진 등을 들 수 있다.[18]

- 신제품 광고: 신제품 광고는 기업이 비용을 지불하고 비인적 매체 (nonpersonal media)를 통하여 신제품을 고객에게 널리 알릴 뿐만 아니라, 아울러 그들을 설득하여 구매를 유도하기 위하여 수행하는 마케팅 활동이다. 신제품 광고의 효과를 증대시키기 위해서 광고는 체계적인 과정을 거쳐 관리되어야 한다. 이러한 광고관리의 과정은 광고목표(예를 들면, 정보적, 설득적, 상기적 광고)의 설정, 광고예산의 결정, 광고대행사의 선정, 광고메시지의 설계, 광고매체의 선정 및 광고효과의 평가 등으로 구성되어 있다.

---

17 전게서, p. 290 수정 재인용.
18 전게서, p. 300 이하 수정 재인용.

- 신제품 인적 판매 : 신제품 인적 판매(personal selling)는 판매인력이 고객을 직접 대면하여 신제품을 구매하도록 설득하거나 유도하는 촉진활동이다. 일반적으로 인적 판매는 고가의 산업재 및 설명이 요구되는 제품 또는 서비스(예를 들면, 보험관련 상품) 등을 판매하기 위한 촉진수단으로 사용된다.

- 신제품 홍보 : 신제품 홍보(public relations)는 기업이 활동하고 있는 특정 시장 또는 국가에서 공중집단(예를 들면, 언론매체, 공공기관, 압력단체, 지역사회 등)과 우호적인 관계를 형성함으로써 신제품에 대한 관심, 호의 및 신뢰를 갖도록 하는 촉진활동이다.

- 신제품 판매촉진 : 신제품 판매촉진(sales promotion)은 소비자 또는 중간상을 대상으로 신제품의 신속 판매 또는 대량 판매를 유도하기 위하여 수행되는 단기적인 인센티브(incentive)를 의미한다. 이것은 최종 소비자를 대상으로 하는 소비자 판매촉진(예를 들면, 할인쿠폰, 경품권, 리베이트)과 중간상을 대상으로 하는 유통업자 판매촉진(예를 들면, 수량할인, 판촉물), 특수한 형태의 판매촉진(예를 들면, 국제전시회, 박람회) 등으로 구분된다.[19]

---

19 이장로(2003), p. 412 이하; Kotabe/Helsen(2011), p. 449.

04

기술혁신과 통합적 기술관리

제4부에서는 기술혁신과 통합적 기술관리에 대하여 체계적으로 살펴본다. 제9장에서는 기술혁신에 대하여 논의한다. 여기에서는 기술혁신의 의의와 중요성, 기술혁신이론과 기술혁신모델, 그리고 기술의 유형에 대하여 구체적으로 설명한다. 제10장에서는 기술사업화와 기술이전에 대하여 논의한다. 여기에서는 기술사업화의 과정과 모델에 대하여 중점적으로 설명한다. 제11장에서는 기술투자와 기술가치 평가에 대하여 논의한다. 마지막으로, 제12장에서는 기술보호에 대하여 논의한다.

기술혁신

CHAPTER 09

CHAPTER 09

기술혁신

기술혁신의 의의와 중요성

9.1.1 기술혁신의 의의

기술혁신(technological innovation)은 기술적 연구개발, 그리고 이를 통한 진보를 바탕으로 새로운 기술이 다양한 형태의 혁신(예를 들면, 신기술을 통한 제품혁신 및 공정혁신 등)에 활용되는 것을 의미한다. 기술혁신은 기업으로 하여금 효과적이고 효율적인 기술적 경쟁우위를 달성하게 하는 원동력으로 작용한다. 기술혁신은 다음과 같은 다양한 수행조직 또는 수행기관을 통해 이루어진다.

- 기업의 연구개발부서(연구기관, 연구소 등)
- 대학의 연구기관 또는 연구소
- 기업 외부의 연구기관 또는 연구소
- 정부의 연구기관
- 산업 클러스터(예를 들면, 실리콘밸리)

좁은 의미에서의 기술혁신은 기술이 새로운 제품과 공정 등에 상업적으로 사용되는 것을 뜻한다. 이것은 상업적 또는 경제적 관점에서 기술혁신을 보는 하나의 시각이다. 넓은 의미에서의 기술혁신은 새로운 제품과 공정의 창출, 개발, 사용 및 확산(이전) 등의 전 과정을 포괄한다. 이것은 기술혁신을 시간적 및 공간적으로 바라보는 또 하나의 관점이다.[1]

9.1.2 기술혁신의 중요성

기술혁신은 기업과 산업뿐만 아니라 국가의 경쟁력을 유지시키는 가장 중요한 원동력이라고 볼 수 있다. 특히, 기술혁신은 기업의 성장 및 발전, 그리고 경쟁우위의 확보를 위해 매우 중요한 요소에 해당된다. 국가적, 산업적 및 기업적 차원에서 볼 때, 기술혁신의 중요성은 다음과 같이 각각 요약될 수 있다.

- 국가적 차원의 기술혁신의 중요성 : 국가적 경쟁력의 증대, 국민총생산,

---

1 박창규(2010), p. 90.

국내총생산, 1인당 국민소득의 향상에 직접 또는 간접적 영향을 미칠 수 있음, 새로운 일자리의 창출과 경제성장의 원동력으로 작용함
- 산업적 차원의 기술혁신의 중요성 : 산업 경쟁력의 증대 및 산업 주도권의 확보, 경쟁력을 갖춘 산업 클러스터의 창출, 산업적 시너지 효과의 증대 등
- 기업적 차원의 기술혁신의 중요성 : 제품혁신 및 공정혁신에 필요한 기술의 제공과 활용, 글로벌 경쟁우위의 확보, 새로운 제품수명주기 및 기술수명주기의 시작을 통한 경쟁력 강화, 기업의 생산성 및 효율성 증대, 신제품의 품질향상 등

9.2 기술혁신이론과 기술혁신모델

9.2.1 기술혁신이론

아래에서는 여러 학자들에 의해 대표적인 기술혁신이론으로 평가받고 있는 *슈페터(Schumpeter)*의 혁신이론, 신고전학파의 기술혁신이론 및 진화론적 기술혁신이론에 대하여 살펴보기로 한다.

*슈페터*의 혁신이론

슈페터는 1912년 그의 저서인 〈경제발전의 이론(Theorie der wirtschaftlichen Entwicklung)〉에서 본질적으로 오늘날에도 이론적 가치가 있는 혁신에 대한

사고적 기초를 처음으로 마련하였다.[2] 즉, 그는 이 저서에서 제품혁신(신제품의 시장도입)과 공정혁신(제조 또는 시장화에 있어서의 쇄신)을 분명하게 구분한다. 이것은 혁신과 관련된 이론 중에서 가장 오래된 이론적 고찰이며, 오늘날에도 이러한 구분이 이론적 타당성을 갖고 있다. 이 저서에서 *슈페터*가 주장한 혁신(*슈페터*의 초기 혁신이론이라고 함)에 대한 가장 핵심적인 내용은 다음과 같이 요약될 수 있다.

- 기업이익을 추구하는 기업가의 혁신능력이 국가경제발전의 원동력이다.
- 기업이익은 혁신을 추구하는 기업가 정신의 산물이다.
- 그는 기업가와 혁신이라는 두 가지 개념을 사용하여 혁신이론을 설명하였다.
- 그는 기업가와 기업가의 미래의 독점이익에 대한 기대를 강조하였다.

또한 *슈페터*는 1943년 발간한 〈자본주의, 사회주의, 민주주의(Capitalism, Socialism and Democracy)〉라는 저서에서 그의 초기 혁신이론의 단점을 보완하여 다음과 같은 주장을 하고 있는데, 이것을 슈페터의 후기 혁신이론이라고 한다.[3] 이에 대한 주요 내용을 요약하면 다음과 같다.

- 초기 혁신이론에서 그는 혁신의 창출과 활용에 있어서 기업가와 기업가 정신을 강조하였으며, 기업가 정신은 계속적으로 이어지지 않고 단절되거나 다른 기업가에 의해 추월되는 것으로 보았는데, 그는 이것을 잘못된 주장이라고 보았다.

---

2 Schumpeter(1952), p. 101 이하; Häußer(1981), p. 341.
3 Schumpeter(1943); 이종옥 외(2005), p. 38 이하; 이영덕/조석홍(2013), p. 167.

- 후기 혁신이론에서 그는 혁신을 추구하는 관점을 기업가에서 기업으로 바꾸었으며, 기업가 정신을 가진 기업이 계속적으로 혁신을 창출할 수 있으며, 이를 통하여 시장에서의 경쟁우위가 유지된다고 보았다.
- 그는 기업가와 다양한 기업의 혁신노력을 통하여 기업들이 경쟁우위를 유지하기 위해서는 기업가 정신과 혁신능력을 제도화하는 것이 중요하다고 강조하였다.
- 그는 혁신활동에 있어서 기존 기업의 독점적 지위를 강조하였다.
- 기업가 및 다양한 기업의 혁신노력은 혁신의 클러스터(cluster of innovations)를 창출할 수 있으며, 이것은 창조적 파괴의 돌풍(gale of creative destruction)을 만들어 낸다.

신고전학파의 기술혁신이론

신고전학파 경제학(neoclassical economics)은 스미스(Smith)의 '보이지 않는 손'으로 상징되는 고전학파 경제학(classical economics)을 계승한 학파로, 정부의 적극 개입을 주장한 케인즈 경제학(Keynesian economics)에 대응해 형성된 학파이다. 19세기말 마셜(Marshall)은 고전학파의 이론과 한계효용이론(넓은 의미의 신고전학파)을 종합해 케임브리지 학파(좁은 의미의 신고전학파)를 창시하였다. 신고전학파는 '합리적 인간'에 논리의 기초를 두고 있다. 즉, 이 학파는 시장을 자율에 맡기면 가격의 기능에 의해 생산과 소비가 적절히 조화되고 경제도 안정적으로 성장한다고 본다. 그러므로 이 학파는 시장에 인위적으로 개입하지 않는 '작은 정부'를 옹호한다.

제2차 세계대전이 끝난 이후 신고전학파의 경제학자들은 경제성장에 다시금 관심을 가지기 시작하였다. 이들은 경제성장은 기술혁신과 밀접하게

관련되어 있다고 생각하였다. 신고전학파의 기술혁신이론은 다음과 같이 간략히 요약될 수 있다.[4]

- 경제성장의 주요 원동력은 연구개발활동이다.
- 기술혁신에 있어서 수요의 역할이 중요하다. 즉, 소비자의 수요가 있을 경우, 기술혁신이 보다 효과적으로 창출될 수 있다.
- 기술은 생산에 있어서 전통적으로 강조해 온 자본과 노동과 같이 중요한 생산요소이며, 혁신활동은 일반적인 경제활동이다. 또한 소비자의 수요변화는 특허활동의 변화와 관련되어 있다. 그러므로 혁신활동은 시장의 힘에 달려 있다.[5]

진화론적 기술혁신이론

진화론적 기술혁신이론에 의하면, 모든 기술혁신은 과학적 연구의 진보로부터 창출된다고 볼 수 있다. 따라서 과학적인 진보를 추구하기 위해서는 전문적인 연구개발활동이 매우 중요하다. 진화론적 기술혁신이론이 주장하는 주요 내용을 요약하면 다음과 같다.[6]

- 20세기에 빠르게 성장한 주요 산업들(예를 들면, 화학, 약학, 전자, 컴퓨터, 항공기, 원자력 산업 등)은 전문적인 연구개발부문에서 조직화된 과학적인 연구를 바탕으로 발전하였다.[7] 그러므로 국가의 경쟁력을 강화하기

4 이종옥 외(2005), p. 41 이하; 이영덕/조석홍(2013), p. 168 이하.
5 Schmookler(1966).
6 이종옥 외(2005), p. 43 이하; 이영덕/조석홍(2013), p. 169 이하.
7 Freeman(1982).

위해서는 정부는 기업가가 스스로 자신의 역할을 수행할 때까지 기다리면서 방관하지 말고 직접 연구개발활동에 나설 필요가 있다.

- 어떤 하나의 기술패러다임 속에는 여러 가지 기술경로들이 있을 수 있다. 이러한 기술경로는 반드시 성공을 약속하지 않으며, 기술혁신의 주체(예를 들면, 정부, 기업 등)에 의해 선택되어야 한다. 이와 같은 기술선택에 있어서 시장의 역할이 매우 중요하다. 그러므로 시장은 기술경로들이 성공할 것으로 기대되는 혁신행위로 발전할 수 있도록 제한하는 지표 또는 필터의 역할을 담당하여야 한다.[8]

- 기술경로를 선택하는 필터의 역할은 시장만이 수행하는 것이 아니며, 보다 넓은 의미의 선택환경이라는 개념의 도입이 필요하다. 그러므로 새로운 기술혁신의 흐름이 주어졌을 때 선택환경은 서로 다른 기술들을 시간에 따라 어떻게 상대적으로 잘 활용할 것인가를 결정하며, 기업 및 산업이 이익을 창출할 수 있는 연구개발활동을 수행하는 데 큰 영향을 미칠 수 있다.[9]

9.2.2 기술혁신모델

기술혁신모델은 기술혁신과정을 체계적으로 설명하는 이론적인 틀을 의미한다. 아래에서는 대표적인 기술혁신모델로 평가받고 있는 선형모델, 상호작용모델 및 역동적 혁신모델에 대하여 설명하기로 한다.

---

8 Dosi(1982).
9 Nelson/Winter(1982).

선형모델(linear model)

선형모델은 가장 널리 알려지고, 가장 오래된 기술혁신모델에 속한다. 이 모델에 의하면 기술혁신은 순차적 절차를 거쳐 수행되며, 각 절차의 전 단계가 완료된 후 그 다음 단계로 넘어가게 된다. 여러 학자들이 설명한 선형모델들에서는 다음과 같은 서로 다른 순서적 절차들이 제시된다.[10]

- *슘페터(Schumpeter)*의 선형모델 : 발명 → 기술혁신 → 확산
- *프리만(Freeman)*의 선형모델 : 기초연구 → 응용연구 → 개발 → 신 생산시설의 건설
- *로제거(Rosegger)*의 선형모델 : 기초연구 → 응용연구 → 기술개발 → 투자와 학습 → 확산

위의 다양한 선형모델들에서 설명한 기술혁신을 위한 순차적 절차들은 대체로 다음과 같이 요약될 수 있다. 먼저, 기술혁신을 위해 발명, 기초연구 및 응용연구 등이 수행되어야 한다. 그 다음 단계에서는 전 단계의 연구결과를 기초로 하여 개발이 이루어져야 한다. 개발이 이루어진 후, 그 다음 단계에서는 투자 및 생산 등이 뒤따른다. 마지막으로, 기술혁신의 산출물 또는 결과물이 시장으로 확산된다.

---

10 Schumpeter(1943); Freeman(1982); Rosegger(1993); 김진우 외(2017), p. 85.

상호작용모델(interactive model)

상호작용모델은 기술혁신이 순차적 절차를 거쳐 이루어지는 것이 아니라, 각 단계의 전방과 후방이 서로 영향을 미치면서 수행된다는 것에서 출발한다. 이 모델은 선형모델의 순차적 절차에 대한 비판적 시각을 토대로 개발되었기 때문에 비선형모델(non-linear model)이라고 한다.

가장 대표적인 상호작용모델은 *클라인*과 *로젠버그(Kline & Rosenberg)*에 의해 개발되었으며, 이 모델은 체인-링크 모델(chain-link model)이라고 한다.[11] 〈그림 9-1〉은 *클라인*과 *로젠버그*가 개발한 상호작용모델을 제시한다. 이 그림에 나타나 있는 바와 같이, 기술혁신은 일방향적이고 순차적인 절차가 아닌 쌍방향적 또는 다방향적 피드백과 각 절차 간의 상호작용을 통해 수행된다. 즉, 이 모델에서는 순차적 절차에 상관없이, 그리고 경우에 따라서 순서에 역행하는 각 절차들의 상호작용을 통해 기술혁신이 이루어진다.

상호작용모델은 다음과 같은 두 가지 장점을 지니고 있다.[12] 첫째, 이 모델에서는 어느 정도 예측 가능한 기술혁신의 산출물 또는 결과물이 획득될 수 있다. 왜냐하면 이 모델에서는 절차 간의 상호작용을 통해서 미래의 불확실성이 줄어들고, 기술기획의 효율성이 높아질 수 있기 때문이다. 둘째, 이 모델은 동시 병렬적(concurrent and parallel) 연구개발 설계를 통해 기술개발에 소요되는 시간을 대폭적으로 줄일 수 있다.

---

11 Kline./Rosenberg(1986), p. 275 이하.
12 박용태/기술경영연구실(2012), p. 51.

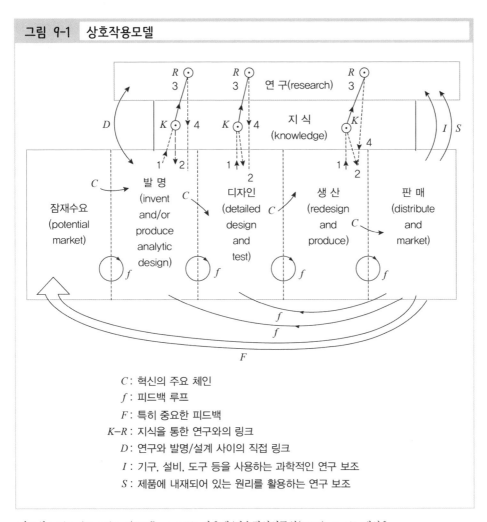

그림 9-1 상호작용모델

C : 혁신의 주요 체인
f : 피드백 루프
F : 특히 중요한 피드백
K–R : 지식을 통한 연구와의 링크
D : 연구와 발명/설계 사이의 직접 링크
I : 기구, 설비, 도구 등을 사용하는 과학적인 연구 보조
S : 제품에 내재되어 있는 원리를 활용하는 연구 보조

자료원 : Kline/Rosenberg(1986), p. 285; 박용태/기술경영연구실(2012), p. 51 재인용.

역동적 혁신모델(dynamic innovation model)

역동적 혁신모델은 기술변화와 산업발전의 동태적 과정을 설명하는 모델이다. 이 모델은 *어터백과 애버내시(Utterback & Abernathy)*에 의해 개발되었으며, 두 가지 차원으로 구성되어 있다.[13] 즉, 이들은 기술혁신은 제품혁신과 공정혁신의 관점에서 고찰하였다. 또한 이들은 두 가지 형태의 혁신과 산업의 라이프 사이클이 어떻게 연결되어 있는가를 설명하였다.

〈그림 9-2〉는 역동적 혁신모델을 보여준다. 이 그림에 나타나 있는 바와 같이 X축은 세 가지 기술혁신과정을, 그리고 Y축은 주요혁신비율을 각각 제시한다. 이러한 세 가지 기술혁신과정은 유동기(fluid phase), 과도기(transitional phase) 및 경화기(specific phase)로 구성되어 있다.

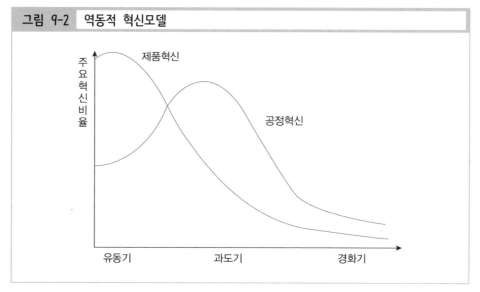

그림 9-2 역동적 혁신모델

자료원 : Utterback/Abernathy(1975).

이 모델은 기술혁신과정을 유동기, 과도기 및 경화기로 구분하여 제품혁신과 공정혁신에 대한 주요혁신비율의 높고 낮음을 각각 동태적으로 보여준다. 〈표 9-1〉은 역동적 혁신모델의 각 단계별 특징을 제시한다.

---

13 Utterback/Abernathy(1975), p. 639 이하.

표 9-1	역동적 혁신모델의 각 단계별 특징		
	유동기	과도기	경화기
전반적 특성	제품성능경쟁	가격경쟁	혁신의 정체
시장형태	기술집약적 소규모 기업에 의한 틈새시장 공략	소수의 대규모 기업에 의한 독과점 형태	소수의 대규모 기업에 의한 독과점 형태
제품혁신	성능 극대화	판매 극대화	비용 최소화
공정혁신	비조정 상태	단편적 자동화	체계적 자동화
조직형태 및 규모	융통성 있는 유기적 통제체제, 소규모 조직	수직적 통제체제, 대규모화	관료적 통제체제, 대규모화

자료원 : 박창규(2010), p. 114.

9.3 기술혁신의 유형

9.3.1 급진적 혁신과 점진적 혁신

혁신수행의 과정에 따라 기술혁신은 급진적 혁신(radical innovation)과 점진적 혁신(gradual innovation)으로 구분되는데, 여기에서 이러한 구분의 기준은 혁신수행의 과정에 있어서 급진적 또는 점진적 혁신정도라고 볼 수 있다(자세한 내용은 제1장, 1.1.2와 <그림 1−1> 참고). 급진적 혁신과 점진적 혁신이 갖는 주요 의미를 살펴보면 다음과 같다.[14]

---

14 이영덕/조석홍(2013), p. 171 이하; 강경모(2016), 65 이하; 김길선 역, Schilling 저(2017), p. 55 이하; 김진우 외(2017), p. 96.

- 급진적 혁신 : 이것은 기존 기술이 근본적으로 변화되는 것을 의미하고, 새로운 기술패러다임을 요구한다.
  - 기술푸시(technology push)에 의한 혁신
  - 제품과 공정의 혁신적 변화
  - 기존 제품과 전혀 다른 새로운 제품의 개발과 도입
- 점진적 혁신 : 이것은 기존 기술을 보완하는 것과 관련되어 있으며, 기술변화가 서서히 일어난다.
  - 시장풀(market pull)에 의한 혁신
  - 제품과 공정의 점진적 개선
  - 기존 제품의 질적인 향상

9.3.2 제품혁신과 공정혁신

혁신수행의 대상에 따라 기술혁신은 제품혁신(product innovation)과 공정혁신(process innovation)으로 구분할 수 있다(자세한 내용은 제1장, 1.1.2 참고). 제품혁신과 공정혁신의 주요 의미를 간략히 살펴보면 다음과 같다.

- 제품혁신 : 이것은 신제품의 창출 또는 기존 제품의 개선을 의미한다. 넓은 의미의 제품혁신은 서비스 혁신(예를 들면, 금융 또는 보험 상품의 개발)도 포함한다. 제품혁신의 주요 목표는 다음과 같다.[15]
  - 대체제품, 후속제품 및 개선된 제품에 대한 새로운 시장의 창출

---

15 Thom(1983), p. 6.

- 기업의 경쟁적 지위의 구축 또는 방어
- 기업의 생존가능성의 확보
- 이윤의 개선
- 시장성장 및 시장점유율의 증대
- 고객관리
- 독립성의 확보
- 명성의 제고
- 새로운 일자리의 창출

- 공정혁신 : 이것은 새로운 생산방식의 창출 또는 개선을 의미한다. 넓은 의미의 공정혁신은 과정혁신(예를 들면, 서비스 산업의 업무과정과 관련된 혁신)을 포함한다. 공정혁신의 주요 목표는 아래와 같다.[16]
  - 생산공정에서의 성과 및 품질향상
  - 원가절감
  - 원재료 및 에너지절약
  - 수리(보수)비용의 절감
  - 생산시간의 단축
  - 환경오염의 예방
  - 경영적 성과창출 과정에서의 효율의 극대화(과정혁신의 관점)

〈표 9-2〉는 제품혁신과 공정혁신의 특징을 비교한다. 이 표에 제시된 바와 같이 제품혁신과 공정혁신은 그 초점, 기술의 내용과 혁신의 목적 등에 있어서 많은 차이점을 보여준다.

---

16 Hauser(1991), p. 86 이하; Pleschak(1993), p. 38 이하.

기술혁신의 유형	제품혁신	공정혁신
초 점	신물질 및 신제품 개발	신공정 개발
기술의 내용	제품 창출	공정개량 및 개선
혁신의 목적	신기능성 창조	생산성 향상
최종 목표	기능 창출 및 향상	완전 공정 개발(전환율 100%)
혁신의 속도	급진적	점진적
핵심기술	구조 및 기능설계	공정개발 및 설계
기술보호 방법	특허 및 영업비밀	특허 및 영업비밀
기술체화 대상	제품자체 및 인력	주로 설비

표 9-2 제품혁신과 공정혁신의 특징 비교

자료원 : 박창규(2010), p. 106.

9.3.3 주요혁신과 부차혁신

혁신의 중요성에 따라 기술혁신은 주요혁신(major innovation)과 부차혁신 (minor innovation)으로 나누어질 수 있다.[17] 주요혁신과 부차혁신의 주요 의미 를 간략히 살펴보면 아래와 같다.

- 주요혁신 : 이것은 조직에 있어서 중요성이 높은 혁신을 의미한다. 기 술혁신의 관점에서 볼 때, 이것은 새로운 기술패러다임으로의 전환 및 급진적 혁신과 관련되어 있다. 주요혁신의 목표는 다음과 같다.
  - 기존 시장 및 신시장에서의 경쟁우위의 확보
  - 시장점유율의 증대

---

17 정선양(2016), p. 27.

- 기술경쟁력의 향상
- 부차혁신 : 이것은 조직에 있어서 중요성이 상대적으로 낮은 혁신을 말한다. 기술혁신의 관점에서 볼 때, 이것은 개선(kaizen), 품질향상, 그리고 점진적 혁신과 연결되어 있다. 부차혁신의 목표는 다음과 같이 요약될 수 있다.
  - 기존 제품의 품질향상을 위한 개선의 수행
  - 기존 시장에서 일부 변화된 고객요구의 충족(예를 들면, 제품개선)
  - 이미 수행된 주요혁신 결과의 피드백을 통한 수정 및 보완활동의 추구

〈표 9-3〉은 주요혁신과 부차혁신의 의미와 목표를 제시한다. 이 표에 나타나 있는 바와 같이 주요혁신과 부차혁신은 그 목표가 어느 정도 다르다는 것을 보여준다.

표 9-3 주요혁신과 부차혁신의 의미와 목표		
기술혁신의 유형	주요혁신	부차혁신
의 미	조직에 있어서 중요성이 높은 혁신	조직에 있어서 중요성이 상대적으로 낮은 혁신
혁신의 목적	• 기존 시장 및 신시장에서의 경쟁우위의 확보 • 시장점유율의 증대 • 기술경쟁력의 향상	• 기존 제품의 품질향상을 위한 개선의 수행 • 기존 시장에서 일부 변화된 고객요구의 충족 • 이미 수행된 주요혁신 결과의 피드백을 통한 수정 및 보완활동의 추구

9.3.4 연속적 혁신과 불연속적 혁신

혁신이 연속적으로 수행되는가에 따라 기술혁신은 연속적 혁신(continuous innovation)과 불연속적 혁신(discontinuous innovation)으로 분류할 수 있다.[18] 즉, 기존 방식을 유지하는가의 여부에 따라 이러한 두 가지 혁신이 구분된다. 기존 방식을 유지하면서 기술혁신이 수행되면, 이것은 연속적 혁신에 해당된다. 반면에 기존 방식을 고수하지 않고 새로운 방식에 기초하여 기술혁신이 이루어진다면, 이것은 불연속적 혁신에 포함된다. 연속적 혁신과 불연속적 혁신의 주요 의미를 간략히 살펴보면 다음과 같다.

- 연속적 혁신 : 이것은 기업이 이미 축적한 기술적 성과들을 기초로 하여 기술혁신을 지속적으로 추구하는 것을 말한다. 일반적으로 이러한 형태의 기술혁신은 점진적 혁신 또는 부차혁신과 높은 관련성을 갖고 있다.
- 불연속적 혁신 : 이것은 새로운 기술패러다임의 도입을 기초로 하여 기존의 연속성을 단번에 뛰어넘는 새로운 형태의 기술혁신을 목표로 수행되는 경향이 있다. 일반적으로 이러한 형태의 기술혁신은 급진적 혁신 또는 주요혁신과 유사한 특징을 갖고 있다.

〈그림 9-3〉은 연속적 혁신과 불연속적 혁신을 비교하여 보여준다. 이 그림에 나타나 있는 바와 같이 연속적 혁신과 불연속적 혁신의 반복적 순환 과정이 서로 다름을 알 수 있다. 이 그림에 제시된 형식지(explicit knowledge) 와 암묵지(tacit knowledge)는 다음과 같은 의미를 갖고 있다.

---

18 이영덕/조석홍(2013), p. 176 이하; 김진우 외(2017), p. 97 이하.

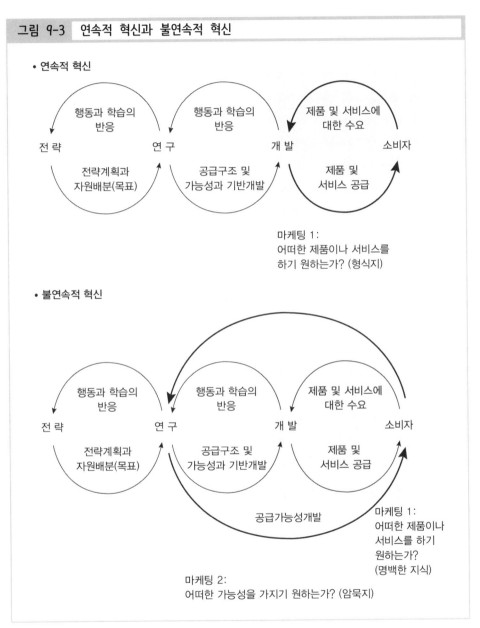

그림 9-3 연속적 혁신과 불연속적 혁신

• 연속적 혁신

행동과 학습의 반응

제품 및 서비스에 대한 수요

전 략   연 구   개 발   소비자

전략계획과 자원배분(목표)

공급구조 및 가능성과 기반개발

제품 및 서비스 공급

마케팅 1:
어떠한 제품이나 서비스를
하기 원하는가? (형식지)

• 불연속적 혁신

행동과 학습의 반응

행동과 학습의 반응

제품 및 서비스에 대한 수요

전 략   연 구   개 발   소비자

전략계획과 자원배분(목표)

공급구조 및 가능성과 기반개발

제품 및 서비스 공급

공급가능성개발

마케팅 1:
어떠한 제품이나
서비스를 하기
원하는가?
(명백한 지식)

마케팅 2:
어떠한 가능성을 가지기 원하는가? (암묵지)

자료원 : Miller/Morris(1999), p. 130; 이영덕/조석홍(2013), p. 178 재인용.

- 형식지 : 학습과 체험을 통해 개인에게 습득돼 있지만 겉으로 드러나지 않는 상태의 지식(그림에서 제시된 마케팅 1은 고객의 형식적 니즈와 관련되어 있음)
- 암묵지 : 암묵지가 문서나 매뉴얼처럼 외부로 표출되어 여러 사람이 공유할 수 있는 지식(그림에서 제시된 마케팅 2는 고객의 잠재적 니즈를 파악하여 기술혁신에 반영하는 마케팅 활동을 의미함)

9.3.5 파괴적 혁신과 비파괴적 혁신

기술혁신은 조직의 경쟁우위 및 사회에 미치는 영향에 따라 파괴적 혁신 (disruptive innovation)과 비파괴적 혁신(non-disruptive innovation)으로 구분할 수 있다.[19] 아래에서는 이러한 두 가지 혁신의 주요 의미를 간략히 살펴보기로 한다.

- 파괴적 혁신 : 이것은 경쟁기업 또는 기존 산업이 가진 기존의 통념을 과감하게 깨고, 새로운 사고방식에 기초하여 추구하는 혁신을 의미한다. 일반적으로 이러한 혁신은 특정 산업에서 완전히 새로운 신제품을 도입함으로써 이루어지며, 불연속적 혁신과 유사한 특징을 갖고 있다. 경우에 따라서 파괴적 혁신은 기존 고객을 대상으로 하지 않으며, 기존 제품과 서비스보다 성능이 떨어지는 제품과 서비스를 창출하여 새로운 고객과 시장을 목표로 혁신을 추구하기도 한다.

---

19 딜로이트 코리아 역, Christensen/Raynor 저(2005), p. 65. 정선양(2016), p. 28; 안영진(2018), 185 이하.

- 비파괴적 혁신 : 이것은 기술혁신의 영향이 파괴적 혁신보다 작으며, 기존 산업에 약간의 영향을 미치는 정도로 혁신이 수행된다. 일반적으로 이러한 혁신은 혁신의 정도가 높지 않고 기존 산업의 구조 내에서 기존 기술혁신의 연결선상에서 추구되기 때문에 연속적 혁신과 유사한 특징을 보유하고 있다. 비파괴적 혁신은 '유지하는 혁신(sustaining innovation)'이라고도 한다. 유지하는 혁신은 기존 고객들을 대상으로 지속적으로 기존 제품과 서비스의 성능을 향상시키는 관점에서 혁신을 수행한다.

기술사업화와 기술이전

CHAPTER 10

CHAPTER 10

기술사업화와 기술이전

10.1 기술사업화의 의의와 중요성

10.1.1 기술사업화의 의의

우리나라의 〈기술의 이전 및 사업화 촉진에 관한 법률〉 제2조 제3항에 의하면 기술사업화(technology commercialization)는 '기술을 이용하여 제품을 개발·생산 또는 판매하거나 그 과정의 관련 기술을 향상시키는 것'을 말한다. 기업의 관점에서 볼 때, 기술사업화는 기업이 새롭게 개발하거나 이미 보유한 기술을 제품생산에 활용하고, 이렇게 생산된 제품을 시장에 도입하여 이윤추구 또는 매출증대를 목표로 하는 사업활동(business activity)이라고 볼 수 있다. 또한 넓은 의미에서 볼 때, 기술 그 자체가 판매되어 수익(로열티)이 창출되는 경우(예를 들면, 라이선싱) 이러한 판매활동도 기술사업화의 범주에 포함될 수 있다.

기술사업화라는 용어는 기술상업화의 동의어로 사용되기도 하는데, 이들 용어 사이에는 약간의 차이점이 있다. 아래에서는 사업화와 상업화의 차이점을 간략히 살펴보기로 한다.[1]

- 상업화 : 새로운 제품 및 서비스를 시장으로 출하하는 것을 의미함
- 사업화 : 출하된 제품 및 서비스를 바탕으로 하나의 사업이 형성되는 것을 의미함

〈표 10−1〉은 사업화와 상업화의 차이를 보여준다. 이 표에 의하면, 이들 두 개념은 몇 가지 구분 기준에 따라 차이점이 있음을 알 수 있다.

표 10-1 사업화와 상업화의 차이

구 분	사업화	상업화
개 념	다양한 제품 및 서비스의 상업화를 통한 사업의 형성	단일 제품 및 서비스의 시장으로의 출하
범 위	넓은 범위	좁은 범위
시 간	시간적 지평이 깊	시간적 지평이 짧음
조 직	전사적 차원의 지원이 필요	기능부서 차원의 지원이 필요
영 향	영향력이 넓음	영향력이 좁음

자료원 : 정선양(2010), p. 471.

1 정선양(2016), p. 470.

10.1.2 기술사업화의 중요성

기술사업화는 한 국가의 산업경쟁력 강화뿐만 아니라 기업의 경쟁력 강화를 위해 요구되는 중요한 사업활동이다. 기술사업화의 중요성은 산업적 측면과 기업적 측면으로 구분하여 각각 살펴볼 수 있다.

먼저, 산업적 측면에서의 기술사업화의 중요성을 열거하면 다음과 같다.

- 산업화의 기반구축 : 여러 기업들이 추구하는 기술사업화는 산업화를 촉진하는 경향이 있다.
- 산업 전반에 걸친 기술의 확산 : 여러 기업들이 성공적으로 추구하는 기술사업화는 산업 전반에 걸쳐 특정 기술이 확산되는 토대를 제공할 수 있다.
- 산업경쟁력의 강화 : 여러 기업들이 성공적으로 수행하는 기술사업화는 그 기업이 속한 산업의 경쟁력을 강화시킬 수 있다.

기업적 측면에서의 기술사업화의 중요성을 제시하면 다음과 같다.

- 체계적 기술사업화를 통한 기업의 경쟁력 강화 : 기업이 새롭게 개발하거나 이미 보유한 기술을 제품생산과 공정개선 등을 위해 어떻게 활용하는가에 따라 그 기업의 경쟁력이 강화될 수도 있고 약화될 수도 있다.
- 기술사업화와 제품혁신 : 신제품 개발 및 시장도입과 관련된 기술사업화는 기업의 제품경쟁력(예를 들면, 제품차별화 능력)을 향상시킬 수 있다.

- 기술사업화와 공정혁신 : 기술사업화의 대상이 새로운 공정의 개발 또는 기존 공정의 개선과 관련되어 있다면, 기업은 기술사업화를 통해 비용 또는 원가를 절감할 수 있다.
- 기술사업화와 기술판매 : 기술사업화의 대상이 기술판매(예를 들면, 라이선싱)인 경우에 있어서 기업은 기술판매를 통해 추가적인 수익(로열티)을 창출할 수 있다.
- 기술사업화를 통한 새로운 시장과 수요의 창출 : 기술사업화는 특정 기술과 관련된 새로운 시장과 수요를 창출하며, 이것은 기업의 이윤 또는 매출증대에 직접적인 영향을 미칠 수 있다.

10.2 기술사업화의 과정과 모델

10.2.1 기술사업화의 과정

기술사업화의 과정은 기술개발의 결과물을 제품, 공정 및 기술판매 등과 같은 구체적인 사업(business)으로 연결하여 기술사업화의 성공적 수행을 제고하는 체계적인 과정으로 볼 수 있다. 일반적으로 기술개발의 결과물은 특허 및 노하우 등과 같은 지적 재산권을 보유하고 있다. 이러한 결과물을 상업화 또는 사업화하기 위해서는 기술사업화의 과정을 거쳐야 한다. 또한 기술사업화는 시장점유율의 확대, 수익 및 매출증대 등과 같은 구체적인 목표를 달성하여야 한다.

*고쿠부(Kokubu)*는 기술사업화의 과정을 다음과 같은 7단계로 구분하여 설

명하였다.[2] 〈표 10-2〉는 기술사업화의 과정을 제시한다.

- 개념화 및 타당성 연구 : 이 단계에서는 특정 기술에 대한 개념화가 이루어지고, 그 기술이 기술사업화에 기술적 및 상업적으로 타당한지에 대한 연구가 수행된다.
- 기본연구 : 이 단계에서는 특정 기술을 지원해 줄 수 있는 기본연구가 진행된다.
- 응용연구 : 이 단계에서는 기본연구를 바탕으로 응용연구가 이루어진다. 일반적으로 이 단계에서는 제품, 공정 또는 판매 등에 필요한 기술에 대한 구체화가 시작된다.
- 활용연구 : 이 단계에서는 기본연구 및 응용연구를 기초로 하여 제품, 공정 또는 판매 등에 필요한 기술에 대한 활용가능성이 제시된다.
- 상업화 연구 : 이 단계에서는 제품, 공정 또는 판매 등에 필요한 기술이 시장도입, 공정투입 및 기술판매 등을 위한 상업화 관점에서 보다 구체화된다.
- 상업화모형 설계 : 이 단계에서는 상업화에 필요한 시제품이 최종적으로 완성된다.
- 실제 생산 : 이 단계에서는 기술사업화가 완료되며, 특정 기술을 투입한 제품의 실제 생산이 이루어진다. 넓은 의미에서 볼 때, 특정 기술이 투입되어 공정의 개선이 이루어질 뿐만 아니라, 특정 기술이 판매의 대상이 된다.

---

2 Kokubu(2001).

표 10-2	기술사업화의 과정
구 분	내 용
개념화 및 타당성 연구	기술적 및 상업적 타당성 연구
기본연구	기본원리 연구
응용연구	기본연구의 응용 파악
활용연구	특정한 용도선정
상업화 연구	특정 제품의 설계/개발/생산
상업화모형 설계	개선 및 최종 생산준비
실제 생산	내부생산 및 협업생산

자료원 : Kokubu(2001); 강경모(2016), p. 57 재인용.

10.2.2 기술사업화의 모델

아래에서는 대표적인 기술사업화의 모델로 평가받고 있는 졸리(*Jolly*)의 모델에 대하여 논의하기로 한다. 이 모델은 다음과 같은 5단계로 구성되어 있으며, 이러한 단계들은 신기술의 가치구축의 과정을 의미한다. 각 단계의 주요 의미를 살펴보면 다음과 같다.[3] 괄호 속에 있는 내용은 각 단계별 수요자금과 지원자를 보여준다.

- 착상(imaging) 단계 : 기술이 시장에서의 활용기회와 결합이 일어나는 단계, 잠재적 기술성과에 부가가치를 창출할 수 있는 시장기회와 접목시키는 단계(사업화 종자자금; 기술보유자, 창업자, R&D 지원자)

---

3 Jolly(1997); 이영덕/조석홍(2013), p. 222 이하; 강경모(2016), p. 57.

- 보육(incubating) 단계 : 착상된 아이디어의 사업화 가능성에 대해 시장과 기술적 측면에서 구체화시켜 나가는 단계(창업자금; 기술보유자, 창업자, R&D 지원자, 엔젤투자자)
- 시연(demonstrating) 단계 : 신기술을 시장에서 판매 가능한 제품 또는 공정으로 실현하는 단계(시장개척자금; R&D 지원자, 엔젤투자자)
- 촉진(promoting) 단계 : 신기술이 투입된 제품의 시장진입에 따른 시장 수용성을 높이는 단계, 새롭게 시장을 창출하거나 제품이 잘 수용되게 하는 기간구조를 구축하거나 장애요인들을 제거하는 단계(사업초기 확장자금)
- 지속(sustaining) 단계 : 기술의 진부화(technology obsolescence) 또는 신규 시장진입자 등에 의해 시장에서 퇴출되는 것을 방지하는 동시에, 신기술을 이용한 제품 또는 공정이 시장과 고객에게 오랜 기간 동안 가치 있게 인식되고 경제적 부가가치를 유지하는 단계, 시장에서 가치를 가진 제품이 지속적으로 존속할 수 있도록 하는 단계(사업화 지속추진자금)

또한 졸리(Jolly)는 각 단계의 사이에 4개의 연결과정(bridges)을 제시하는데, 이것들은 기술의 가치를 증가시키는 이해관계자의 충족 및 관련 필요자원의 동원을 의미한다. 〈그림 10-1〉은 졸리(Jolly)의 기술사업화의 모델을 보여준다. 이 그림에는 착상-보육, 보육-시연, 시연-촉진, 촉진-지속 등과 같은 4개의 연결과정이 있다.

- 착상과 보육이 겹치는 연결과정 : 관심과 지지의 동원(mobilizing interest and endorsement)

- 보육과 시연이 겹치는 연결과정 : 시연을 위한 자원의 동원(mobilizing resources for demonstration)

- 시연과 촉진이 겹치는 연결과정 : 시장구성요소의 동원(mobilizing market constituents)

- 촉진과 지속이 겹치는 연결과정 : 유통을 위한 보완적 자산(mobilizing complementary assets for delivery)

그림 10-1 ┃ 졸리(*Jolly*)의 기술사업화의 모델

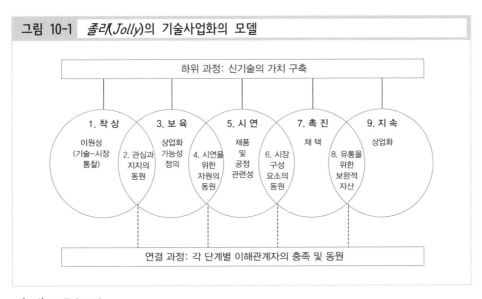

자료원 : Jolly(1997).

10.3 기술이전에 대한 이론적 고찰

10.3.1 기술이전의 의의

기술이전(technology transfer)은 특정 기관(예를 들면, 기업, 대학, 연구소 또는 연구기관, 정부기관 등)이 보유한 기술을 국내외의 다른 기업, 기관 또는 다른 국가에 이전하는 활동을 의미한다. 어떤 기업이 막대한 연구개발비와 시간을 투입하여 특정 기술을 개발하였다면, 이 기술은 그 기업의 신제품 도입에 활용될 수도 있고, 그 기술을 구매하기를 원하는 다른 기업에게 판매될 수도 있다. 이러한 기술이전을 통하여 기업은 제품판매에 의한 매출과는 전혀 다른 의미를 갖는 기술사용료 또는 로열티를 확보하게 된다. 그러므로 기술이전을 하는 기업(라이선서)은 로열티를 창출할 수 있고, 기술구매를 하는 기업(라이선시)은 도입한 기술을 활용하여 제품을 생산하여 판매한다. 만일 이전되는 기술이 최첨단의 새로운 기술이라면, 기술구매를 한 기업은 기술판매를 한 기업의 기술적 시장선도자의 명성을 활용할 수 있을 뿐만 아니라, 도입한 그 기술로 생산한 제품의 품질평가에도 긍정적인 영향을 유발시킬 수 있다.

일반적으로 기술이전이 가능한 기술은 다음과 같은 세 가지로 구분할 수 있다.[4] 이러한 세 가지 종류의 기술은 잉여기술(surplus technology)이라고도 한다.

---

4 Perlitz(2004), p. 103 이하.

- 기업이 자사를 위해 사용할 수 없는 기술(예를 들면, 경쟁력이 없는 기술)

- 기업이 자사를 위해 사용하지 않으려는 기술(예를 들면, 자사에게는 매력 적이지 않지만 다른 기업에게는 매력적인 기술)

- 국내 또는 해외에 판매하기 위하여 개발한 기술(예를 들면, 기술을 판매용 으로만 개발한 경우)

10.3.2 기술이전의 유형

상업적 관점에서의 기술이전의 유형은 다음과 같은 여덟 가지로 분류할 수 있다. 이러한 기술이전의 유형을 간략히 살펴보면 다음과 같다.[5]

- **직접투자형 기술이전** : 기업이 직접투자한 기업에 기술을 이전함(예를 들 면, 본사가 현지 자회사에 기술이전을 통하여 로열티 창출)

- **합작투자형 기술이전** : 최소 2개 이상의 기업, 개인 또는 정부기관이 합 작투자한 기업에 기술을 이전함(예를 들면, 본사가 합작투자한 기업에 기술 을 제공하여 로열티 창출)

- **모방형 기술이전** : 기술적으로 열위에 있는 기업이 기술선도기업의 기 술을 모방함(예를 들면, 벤치마킹 통한 기술확보, 이것은 불법적일 수 있으며, 기 술선도기업에게는 로열티가 발생하지 않을 수 있음)

- **인수합병형 기술이전** : 신기술을 보유한 기업을 인수합병함으로써 기술 이전이 이루어짐(기업을 인수합병하기 때문에 기술이전에 대한 로열티가 발생하 지 않음)

---

5 조현대(1997); 박창규(2010), p. 201 이하; 강경모(2016), p. 145 이하.

- 라이선싱 : 가장 일반적인 기술이전의 유형에 속하며, 라이선서가 라이선시로부터 기술사용료 또는 로열티를 받고 기술을 이전함(자세한 내용은 10.3.4 참고)
- 인력체화형 기술이전 : 기술을 보유한 기업으로 직원을 파견 또는 그 기업에서의 연수를 통해 기술획득을 추구하거나, 기술을 보유한 인력을 채용하여 그들이 보유한 기술을 자연스럽게 획득함
- 해외현지형 기술이전 : 기술도입을 원하는 기업이 선진기술이 풍부한 해외 현지에 연구소 또는 연구기관을 설립하여 기술을 획득함
- 전략적 제휴형 기술이전 : 잠재적 또는 실제적 경쟁기업과의 전략적 제휴를 통하여 기술을 획득함(예를 들면, 경쟁기업과의 전략적 제휴를 통한 공동 기술개발)

10.3.3 기술이전과 로열티[6]

로열티(royalty)의 의의

로열티는 기술이전의 대가로 받는 사용료를 말한다. 일반적으로 기술이전은 라이선싱의 관점에서 수행된다. 기업(라이선서)은 그들이 창출하고 보유한 기술혁신에 의한 지적 재산(예를 들면, 특허권)뿐만 아니라 저작권 및 상표권 등과 상업적 자산을 다른 기업(라이선시)에게 제공하고 그 대가로 로열티를 받는다. 로열티는 이전되는 권리의 대상에 따라 라이선스사용료, 기술사

---

6 박주홍(2012), p. 322 이하 수정 재인용.

용료, 특허사용료, 상표사용료, 노하우사용료 및 프랜차이즈사용료 등으로 분류되기도 한다. 이러한 다양한 형태의 사용료의 의미를 살펴보면 다음과 같다.

- 라이선스사용료(license fee) : 라이선싱계약에 기초하여 라이선시가 라이선서에게 지불하는 사용료(일반적으로 로열티와 동의어로 사용되기도 함)
- 기술사용료(technology fee) : 특정 기술이 이전되는 경우에 기술사용자가 기술제공자에게 지불하는 사용료
- 특허사용료(patent royalty) : 법적으로 보호를 받는 특허를 이전하는 경우에 특허사용자가 특허제공자에게 지불하는 사용료
- 상표사용료(brand royalty) : 상표(또는 기업명)를 사용하는 대가로 상표사용자가 상표제공자에게 지불하는 사용료
- 노하우사용료(know-how fee) : 특허를 통하여 법적인 보호를 받지 못하는 발명, 공식, 설계와 과정, 비법, 축적된 기술(또는 기술적 비밀) 및 경험 등을 사용하는 대가로 노하우사용자가 노하우제공자에게 지불하는 사용료
- 프랜차이즈사용료(franchise royalty) : 프랜차이징계약에 기초하여 프랜차이지가 프랜차이저에게 지불하는 사용료

로열티의 결정방법

로열티의 결정에 있어서 가장 중요한 요소의 하나는 로열티의 크기이다. 라이선서(licensor, 라이선스 제공기업)가 어떤 기술을 라이선시(licensee, 라이선스 취득기업)에게 이전한다면, 이들 쌍방은 로열티의 크기를 두고 첨예한 대립을

할 수도 있다. 즉, 라이선서는 최대한 많은 로열티를 받기를 원하는 반면, 라이선시는 최소한 적은 로열티를 지불하기를 원한다.

*글렘보키(Glembocki)*는 이러한 문제를 해결하기 위하여 무차별곡선(indifference curve)에 기초하여 라이선서와 라이선시 쌍방이 받아들일 수 있는 로열티의 크기에 대한 해영역(solution area)을 제시한다.[7] 로열티는 일괄지불(lump-sum payment)하는 총 사용료와 매출액에 따른 경상로열티(running royalty)로 구분된다. 경상로열티는 일반적으로 매출액의 일정비율(%)로 지불된다. 이와 같은 대표적인 두 가지의 로열티 지불유형을 바탕으로 하여 〈그림 10−2〉와 〈그림 10−3〉에 각각 제시된 라이선시(licensee) 및 라이선서(licensor)의 무차별곡선이 개발되었으며, 아울러 〈그림 10−4〉에 나타나 있는 로열티의 크기에 대한 해영역이 제시되었다.

〈그림 10−2〉와 〈그림 10−3〉에 나타나 있는 라이선시 및 라이선서의 무차별곡선은 다음과 같은 상황을 각각 설명한다.

- 라이선시는 일괄지불하는 총 사용료(S_0)의 크기와 경상로열티(R_0)의 크기가 서로 연결되는 무차별곡선보다 적은 금액을 지불하기를 원한다 (〈그림 10−2〉, 무차별곡선의 아래에 있는 빗금 친 부분에 해당됨).
- 라이선서는 일괄지불하는 총 사용료($\bar{S}_0$)의 크기와 경상로열티($\bar{R}_0$)의 크기가 서로 연결되는 무차별곡선보다 많은 금액을 지불받기를 원한다 (〈그림 10−3〉, 무차별곡선의 위에 있는 빗금 친 부분에 해당됨).

---

7 Glembocki(1977), p. 3 이하; Perlitz(2004), p. 204 재인용.

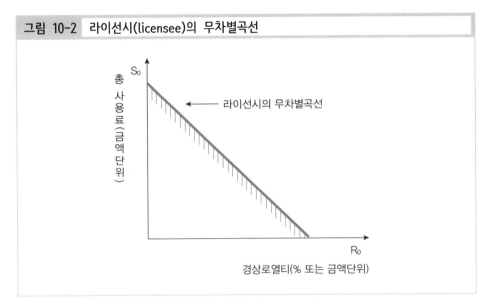

그림 10-2 라이선시(licensee)의 무차별곡선

자료원 : Glembocki(1977).

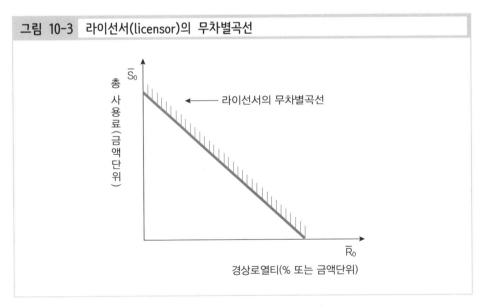

그림 10-3 라이선서(licensor)의 무차별곡선

자료원 : Glembocki(1977).

〈그림 10−4〉는 라이선시와 라이선서가 받아들일 수 있는 로열티의 크기에 대한 해영역을 제시한다. 이 그림에서는 라이선시와 라이선서의 무차별곡선의 기울기가 각각 다르게 나타나 있다. 이것은 어떤 기술의 라이선싱을 통하여 지불하거나 지불받아야 하는 로열티의 크기와 관련하여 쌍방이 서로 다른 기대치를 갖고 있다는 것을 의미한다. 이 그림에 의하면, 쌍방이 합의할 수 있는 로열티의 크기는 해영역(쌍방의 빗금 친 부분이 겹치는 영역)에서 결정된다.

그림 10-4 로열티의 크기에 대한 해영역(solution area)

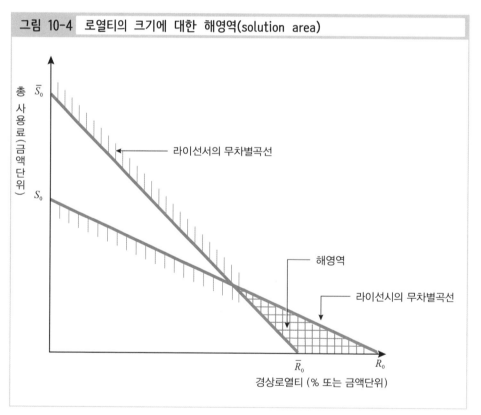

자료원 : Glembocki(1977).

무차별곡선에 기초하여 로열티의 크기를 결정하는 것은 이론적으로 가능하지만, 실제적 관점에서 볼 때 라이선시와 라이선서의 협상력(bargaining power)에 따라 쌍방의 무차별곡선이 아무런 의미가 없을 수도 있다. 즉, 그 이유는 라이선싱을 통하여 이전되는 기술의 가치가 쌍방의 협상력에 큰 영향을 미칠 수 있기 때문이다. 만일 라이선서가 제공하는 기술이 경쟁력이 있는 독점적 기술이라면, 라이선시는 로열티 협상에서 열위에 있게 된다. 반면에, 라이선서가 제공하는 기술이 널리 알려진 경쟁력이 없는 기술이라면, 라이선시는 로열티 협상에서 우위에 서게 된다.

로열티의 지불유형

일반적으로 이전되는 기술의 가치에 따라 로열티 지불유형이 달라질 수 있다. 〈표 10-3〉은 로열티의 종류를 보여준다. 이 표에 제시되어 있는 바와 같이, 로열티는 매출기준 로열티, 매출과 무관한 로열티, 상한 및 하한 로열티, 그리고 기타 로열티 등으로 크게 구분할 수 있다.

표 10-3	로열티의 종류		
구 분	종 류		내 용
매출기준 로열티 (경상로열티)	매출액 로열티	요율 로열티	계약제품의 총매출액의 일정비율
		종량 로열티	계약제품의 생산량의 일정금액 • 제품당 로열티 : 제품단위당 일정금액 • 중량당 로열티 : 제품중량당 일정금액 • 출력당 로열티 : 전기발전량에 따른 일정금액
		저감 로열티	계약제품의 총매출액의 증가에 따른 단계별 로열티의 할인
	이익로열티		계약제품의 매출이익의 일정비율
매출과 무관한 로열티 (일괄지불)	일시불로열티		계약시점에 일시불로 지불
	일정액로열티		계약제품의 매출액과 무관한 일정액 지불(연간, 분기별)
상한 및 하한 로열티	상한로열티		최고 로열티(계약기간 중 로열티 전액 또는 매년 일 정액 이하를 규정하고, 이를 초과하는 부분의 지불을 면제함)
	하한로열티		최저 로열티(계약기간 중 지불해야 하는 로열티의 최저 한도를 규정하고, 이에 미달하는 경우에는 보충 하여 지불함)
기 타	선불로열티		로열티의 선수금제도(미래에 발생하게 될 로열티의 일부를 미리 지불함)

자료원 : 한희영(1985), p. 37; 저자에 의해 일부 수정됨.

10.3.4 라이선싱[8]

라이선싱의 의의

라이선싱은 라이선서가 보유하고 있는 특허, 노하우, 상표명 또는 등록상표, 저작권, 디자인, 기술 및 작업방법 등과 같은 지적 재산과 상업적 자산을 라이선시에게 제공하고 그 대가로 로열티를 받는 계약을 의미한다.[9] 넓은 의미에서 볼 때, 라이선싱은 글로벌 기술이전의 한 형태로 기술수출(technology export)을 의미한다. 라이선싱을 통한 글로벌 시장진입방법은 해외직접투자 및 합작투자보다 비교적 위험부담이 적다. 왜냐하면 해외직접투자 및 합작투자는 해외에서의 위험이 수반되는 자본투입을 필요로 하지만, 라이선싱은 해외에서의 자본투입이 필요하지 않기 때문이다. 라이선싱이 글로벌 시장진입방법으로 선호되는 이유는 다음과 같다.[10]

- 수입장벽 또는 해외직접투자에 대한 규제의 우회수단
- 정치적 위험에 대한 노출의 최소화
- 글로벌 시장에서의 자원투입의 최소화
- 제공된 기술로부터 파생되는 기술 역이전(technology feedback)의 가능성 존재
- 핵심기술보다 주변기술의 이전을 통한 라이선시의 미래의 경쟁력 약화

---

8 박주홍(2012), p. 298 이하 수정 재인용.
9 Griffin/Pustay(2007), p. 343 이하.
10 전용욱 외(2003), p. 144 이하.

　　일반적으로 라이선싱은 글로벌 기술이전을 통하여 로열티를 받는 단순한 기술거래로 인식되고 있다. 그러나 라이선싱을 통하여 기업은 글로벌 시장에 대한 소비자의 동향 및 해당기술과 관련된 제품의 매출규모 등과 같은 유용한 시장정보를 획득할 수 있다. 즉, 글로벌 기술이전에 대한 대가인 로열티를 매출액 기준으로 산정하여 수수할 경우, 라이선서는 해당기술과 관련된 제품의 시장규모를 쉽게 파악할 수 있다. 만일 매출액 기준으로 받는 로열티의 규모가 매우 크다면, 라이선서는 라이선시와의 계약을 파기하고 현지국가에 해외직접투자 또는 합작투자 등과 같은 자본투자를 하여 현지생산을 할 수 있다.[11]

　　또한 라이선싱은 라이선서가 라이선시에게 지적 재산과 상업적 자산을 사용하도록 하는 일방향적인 계약이지만, 경우에 따라서 쌍방향적인 교차라이선싱(cross licensing)이 이루어질 수 있다. 교차라이선싱은 해당라이선서와 라이선시 쌍방이 라이선싱을 상호 교환함으로써 제3의 경쟁기업에 대항할 수 있는 공동적인 기술우위를 확보하기 위한 수단으로 사용되기도 한다.[12]

　　성공적인 라이선싱 협상을 위해서는 다음과 같은 측면들이 고려되어야 한다.[13]

- 전달되는 권리의 범위 : 이전하려는 기술 및 노하우의 구체화, 명확한 이전과정에 대한 협상
- 보상 : 이전비용(예를 들면, 기술이전에 의해 발생하는 모든 변동비), 연구개발비 및 기회비용(수출 및 해외직접투자에 따른 이윤과의 비교) 등을 포괄하는

---

11 박주홍(2008), p. 61.
12 Perlitz(2004), p. 104.
13 Czinkota et al.(2005), p. 383 이하.

로열티의 확보

- **라이선시의 준수사항** : 이전기술에 대한 규제, 제공되는 정보에 대한 비밀보호, 문서보존 및 감사조항, 품질표준
- **분쟁해결** : 계약에 대한 법률적 해석 및 갈등해결, 중재조항
- **계약의 기간과 종료** : 현지국에서의 정부의 규제검토 및 상황악화에 따른 협정파기(예를 들면, 최대 허용기간)

라이선싱을 통한 기술이전의 평가

성공적인 글로벌 기술이전을 위해서 라이선서는 무엇보다도 기술이전에 대한 평가를 잘 수행해야만 한다. 라이선싱을 통한 글로벌 기술이전의 평가는 라이선서, 라이선시 및 기술이전과정 등과 같은 세 가지 관점에서 이루어질 수 있다. 아래에서는 라이선서의 관점으로만 국한하여 주요 평가항목을 살펴보기로 한다.[14]

*베네트와 자오(Bennett & Zhao)*는 라이선싱을 통한 글로벌 기술이전의 위험과 관련된 주요 평가항목을 다음과 같이 제시하였다.[15]

- **기술적 위험** : 최종 제품의 품질, 현지시장에 이전된 제품의 원가우위, 기술의 흡수, 기술적 문제의 해결 및 기술의 효과적 활용
- **시장위험** : 파트너기업의 수주능력, 최종 제품의 경쟁력(가격대비 품질수준), 품질 및 신뢰성에서의 고객확신 및 고객욕구를 충족하는 제품성능
- **협력위험**: 협력의 우수성, 핵심부품의 공급 및 이전중인 기술의 통제

---

14 박주홍(2008), p. 68 이하 재인용.
15 Bennett/Zhao(2004), p. 414.

기술투자와 기술가치 평가

CHAPTER 11

CHAPTER 11

기술투자와 기술가치 평가

11.1 기술투자의 의의와 중요성

11.1.1 기술투자의 의의

기술투자(technology investment)는 기술개발을 위해 요구되는 인적 및 물적 자원을 투입하는 것을 의미한다. 일반적으로 이러한 자원의 투입은 기업의 재무관리와 관련되어 있다. 아울러 기술투자의 관점에서 볼 때, 자원의 투입은 다음과 같은 재무관리의 주요 기능과 연결되어 있다.[1]

---

1 신용하(2014), p. 283.

- 투자결정(investment decision) : 이것은 어떤 자산에 어느 정도 투자할 것인가와 관련되어 있으며, 자본예산(capital budgeting)의 결정이라고도 한다. 재무상태표의 차변에 있는 유동자산과 고정자산은 기업자산의 구성을 보여준다. 기업이 보유하고 있는 건물, 설비 등은 투자수명이 긴 고정자산에 속한다. 그리고 기술개발을 위한 투자는 유동자산과 관련되어 있으며, 이러한 기술투자를 통하여 기업은 기술경쟁력을 보유할 수 있다. 가장 대표적인 투자결정의 방법은 경제성 분석이다(자세한 내용은 11.2.2 참고).
- 자본조달결정(financing decision) : 이것은 기업이 필요로 하는 자본을 어떻게 조달할 것인가와 관련되어 있다. 재무상태표의 대변에 있는 유동부채, 고정부채 및 자기자본은 자본의 구성을 제시한다. 특히, 기술투자 자금조달은 이러한 자본의 구성에 의해 영향을 받게 된다(자세한 내용은 11.2.1 참고).

11.1.2 기술투자의 중요성

기술투자는 기업의 미래의 경쟁력과 직접 또는 간접적으로 관련되어 있다. 기술투자에 의해 산출되는 결과물은 제품, 공정 또는 판매 등에 필요한 기술을 의미하며, 이러한 결과물은 제품의 시장도입, 기술의 공정투입 및 기술판매 등을 위하여 활용된다. 기술투자의 중요성은 다음과 같이 요약될 수 있다.

- 기업의 기술경쟁력의 강화 : 독점적 기술의 확보, 경쟁력 있는 기술개발, 기술개선 등을 통하여 기업의 기술경쟁력이 강화될 수 있다.
- 시장에서의 경쟁우위의 확보 : 기술투자를 통하여 개발된 기술을 제품혁신 및 공정혁신 등을 위해 투입함으로써 시장에서의 차별화 우위, 품질우위 및 원가우위 등과 같은 경쟁우위가 달성될 수 있다.
- 수익의 증대 : 개발된 기술이 투입된 제품의 매출증가는 수익의 증대로 이어질 수 있다. 또한 기술판매를 통하여 로열티가 창출될 수 있다.

11.2 기술투자 자금조달과 평가방법

11.2.1 기술투자 자금조달[2]

일반적으로 기술투자를 위하여 글로벌 기업은 국내기업보다 더 많은 자금조달 가능성을 활용할 수 있다. 전 세계의 여러 국가에서 활동하고 있는 해외 자회사를 통하여 글로벌 기업은 그 국가의 금융시장뿐만 아니라 국제 금융시장에 쉽게 접근할 수 있다. 아래에서는 기술투자 자금조달과 관련하여 글로벌 기업이 어떻게 자금조달(financing)을 하는가에 대하여 논의하기로 한다. 또한 아래에서는 기술투자 자금조달을 위해 많이 활용되는 기술금융의 유형에 대하여 살펴보기로 한다.

특히, 아래에서 제시하는 다양한 형태의 자본조달의 원천은 기업의 다양

---

2 Perlitz(2004), p. 467 이하; 박주홍(2018), p. 363 이하 수정 재인용.

한 재무계획(투자, 자원조달, 인적자원, 생산 및 판매 등과 같은 기능영역별 계획)뿐만 아니라 기술투자를 위해서 활용될 수 있다.

내부자본조달

내부자본조달은 기업(단독의 본사 또는 해외 자회사)에 의해 창출된 현금흐름(cash flow)을 포괄한다. 일반적으로 현금흐름은 이윤(세전 순이익), 감가상각비, 장기적 잉여금의 합을 의미한다.

- 이윤의 사용 : 이것은 현지국의 세법에 의하여 영향을 받는다. 현지국의 외환보유액이 적은 경우, 이윤의 현지국 축적이 권장되며, 본국으로의 송금이 제한되기도 한다.
- 감가상각비의 크기 : 이것은 현지국의 회사법, 세법 등에 의해 영향을 받는다. 여기에서는 감가상각과 관련된 기간, 금액, 방법 등이 중요한 의미를 갖는다.
- 장기적 잉여금 : 이것은 현지국의 회사법, 세법 등에 의하여 영향을 받는다.

기업 내부적 재무균형의 확인

기업 내부적(그룹 내부적) 재무균형은 본사와 여러 국가에서 활동하고 있는 해외 자회사들이 보유하고 있는 가용자본을 확인함으로써 파악될 수 있다. 예를 들면, 본사는 해외 자회사의 재무상태 또는 현금흐름의 상태를 파악한 후, 자본이 부족한 해외 자회사에 자본이 넘치는 해외자회사의 자본을 이전시킬 수 있다. 본사는 기업 내부적 재무균형을 확보하기 위하여 현금집중(cash concentration)과 현금풀링(cash pooling)을 관리하는 역할을 담당한다.

기업 내부적 외부자본조달

글로벌 기업은 기업 내부적(그룹 내부적) 자본 재편성을 통하여 자본을 필요로 하는 본사 또는 해외 자회사에 출자(자기자본)의 형태로 자본을 이전할 수 있다. 기업 내부적 외부자본조달은 다음과 같은 형태로 이루어진다.

- 자기자본 : 본사(자기자본 형태로 출자), 지주회사
- 타인자본 : 본사(타인자본 형태로 출자), 자매회사(자금조달회사)

글로벌 기업은 자본을 필요로 하는 본사 또는 해외 자회사에 예치금 또는 대부형식으로 자금을 이전할 수 있다. 이러한 형태의 자금이전은 지불의 가속(leading) 또는 지연(lagging)을 통하여 자금흐름에 기업 내부적으로 의도된 영향을 미칠 수 있다. 기업 내부적 외부자본조달은 외부금융기관에 의존하지 않고 자금수요를 충족시킬 수 있는 장점을 갖고 있다. 그러나 이로 인하여 나타날 수 있는 글로벌 기업의 본국 또는 현지국의 자본시장에 대한 낮은 통합의 정도는 단점으로 지적될 수 있다.

기업 외부적 외부자본조달

기업 외부적(그룹 외부적) 외부자본조달은 현지 자기자본, 현지 타인자본, 현지국 관점에서 해외로부터의 자기자본 및 타인자본 도입의 형태로 이루어

진다. 이것들을 구체적으로 살펴보면 다음과 같다.

- 현지 자기자본 : 현지국에서의 합작투자(joint ventures)를 통하여 현지파트너(기업, 개인투자자) 또는 정부기관의 자본을 활용함
- 현지 타인자본 : 현지의 금융시장에서 자본을 조달함
- 현지국 관점에서 해외로부터의 자기자본(합작투자인 경우) 및 타인자본 : 본사국, 제3국, 국제자본시장 등을 통하여 자본을 조달함

기업 외부적 외부자본조달을 위한 대안은 자본시장에서의 자본조달 가능성, 금리 및 조세부담의 정도, 예상 인플레이션율, 통화위험, 자본이전에 대한 현지국 정부의 규제 등을 고려하여 선택되어야 한다. 무엇보다도 글로벌 기업은 기업 외부적 외부자본조달을 통하여 해외 자회사의 부채비율이 너무 높아지는 것을 주의하여야 하다. 즉, 글로벌 기업은 자기자본과 타인자본의 적절한 조화를 통하여 재무적 건전성(또는 안정성)을 유지하여야 한다.

기술금융의 유형

기술금융은 조달방법과 조달주체에 따라 그 유형을 분류할 수 있다. 앞에서 논의한 바와 같이 조달방법에 따라 기술투자 자금조달은 직접금융(예를 들면, 주식, 회사채)과 간접금융(은행 등 금융기관에서의 대출)으로 구분할 수 있다.

아래에서는 공급주체에 따른 네 가지 유형의 기술투자 자금조달의 원천에 대하여 간략히 살펴보기로 한다.[3]

---

3 김진우 외(2017), p. 251 이하.

- **정책금융** : 이것은 정부의 출연, 보조금, 기금의 융자금 등 정책적으로 공급되는 자금을 의미하며, 주로 은행을 통한 대리대출의 형식을 취하고 있다. 일반적으로 정책금융은 일반 대출자금에 비해 담보, 금리, 상환기간 등에서 유리하다.
  - 직접대출: 정부가 지정한 전담기관을 통해 대출이 이루어진다.
  - 대리대출: 은행이 자금을 지원하는 정부기관을 대리하여 대출업무를 수행한다.
- **보증금융** : 우리나라의 경우, 기술보증기금의 기술평가보증을 통하여 대출이 이루어진다. 이것은 기술평가시스템에 의해 평가, 발급받은 기술보증서를 기초로 하여 금융기관으로부터 대출을 받는 형태를 취한다. 이것은 정책금융과 일반금융의 중간적 형태를 대출로 볼 수 있다.
- **융자금융** : 은행의 기술평가인증서부 신용대출이 이에 속한다. 개별기술 또는 기업의 기술력 등을 기술보증기금이 정한 기준에 의하여 평가하는 기술평가 인증제도에 기초하여 금융기관이 융자한다.
- **투자금융** : 이것은 벤처캐피털 투자에 의해 융자가 이루어진다. 즉, 벤처캐피털의 기술투자 여부의 결정에 따라 특정 기업 또는 기술에 대한 융자가 이루어진다. 예를 들면, 기술투자 융자대상 기업의 경영진, 기술성, 시장성, 수익성 및 투자금 회수가능성 등을 평가하여 기술투자 여부가 결정된다.

11.2.2 기술투자 평가방법

기술투자 평가의 의의와 과정

기술투자 평가(technology investment evaluation)는 기술개발을 위해 투입되는 자금의 대안이 효과적으로 선택되고, 효율적으로 활용되는가에 대한 문제를 다룬다. 특히, 효과(effectiveness)는 기술투자 자금조달의 여러 가지 대안들 중에서 어떤 대안을 선택하는가와 관련되어 있다. 반면에 효율(efficiency)은 특정 기술투자 자금조달의 대안을 선택한 경우, 이것이 잘 실행되는가와 관련되어 있다.

기술투자 평가를 위해서는 기술투자 결정의 과정에 대하여 이해할 필요가 있다.[4] 기술투자 결정의 과정에 있어서 다음의 5단계 중에서 기술투자 평가는 주로 2~4단계에 해당된다.

- 1단계 : 기술투자 목적의 설정
- 2단계 : 기술투자 대안의 선정 및 대안의 성격에 따른 분류
- 3단계 : 각 기술투자 대안들로부터 예상되는 현금흐름의 측정
- 4단계 : 각 기술투자 대안들에 대한 현금흐름의 평가
- 5단계 : 기술투자 의사결정 및 실행

---

4 신용하(2014), p. 285.

기술투자 평가방법

기술투자 평가방법은 다수의 기술아이디어들 중에서 일부, 몇 개 또는 한 개의 기술아이디어를 선정하는 기법을 말한다. 넓은 의미에서 볼 때, 이러한 기술투자 평가방법은 앞에서 논의한 아이디어평가의 방법과 동일하다고 볼 수 있다(제5장, 5.2.2. 참고). 아래에서는 대표적인 기술투자 평가방법인 경제성 분석(economic analysis)에 대하여 설명하기로 한다.[5]

기술개발의 결과물에 대한 미래의 성공잠재성과 관련하여 기술아이디어들에 대한 경제성 분석이 이루어져야 한다. 경제성은 '어떤 특정 기간 동안 지출한 비용 또는 자원과 수익과의 관계'로 정의할 수 있다.[6] 경제성 분석은 원가절감 및 이윤증가 등과 같은 미래관련적인 성과기준뿐만 아니라, 자본가치도 아울러 검토해야 하기 때문에 이를 위해 원가계산, 손익계산 및 자본가치평가 등과 같은 방법들이 일반적으로 사용된다.

(1) 원가계산

원가계산(cost accounting)에서는 기술아이디어 평가의 시점에서 모든 미래의 주요 원가가 확실하게 정해질 수 있다는 가정을 한다. 연간 또는 단위당 원가절감액은 다음과 같이 계산된다.[7]

$$\triangle K = K_0 - K_1 = x_1 \cdot (k_0 - k_1)$$

---

5 박주홍(2016), p. 227 이하 수정 재인용.
6 Horváth(1988), p. 3; Heyde et al.(1991), p. 119; Bea/Dichtl/Schweitzer(Ed., 1994b), p. 3.
7 Heyde et al.(1991), p. 137 이하.

여기에서 기호의 의미는 다음과 같다.

$\triangle K$: 원가절감액

$K_{0/1}$: 투자 전과 투자 후의 총원가(원/연간)

$k_{0/1}$: 투자 전과 투자 후의 단위당 원가(예를 들면, 원/단위)

x_1 : 생산량(개/연간)

기술아이디어 실현을 위하여 필요한 원가는 기술아이디어에 따라 변동이 되지만, 투자 전의 원가는 일정하다. 원가계산의 장점은 수많은 대안들 중에서 최소의 원가를 갖는 기술아이디어가 비교적 용이하게 채택될 수 있다는 것이다.[8] 그러나 기술아이디어 평가의 시점에서 원가를 계산하는 것이 어려울 수 있다는 단점이 있다.

(2) 손익계산

손익계산(profit and loss calculation)에서는 기술혁신을 통하여 달성될 수 있는 이윤증가가 중요한 의미를 갖는다. 이 방법에서는 기술아이디어 평가의 시점에서 모든 미래의 주요 원가 및 매출액이 정해져야만 한다는 가정을 한다. 이윤증가액은 다음과 같이 계산된다.[9]

$$\triangle G = \triangle K + \triangle G_x + \triangle G_Q + \triangle G_t$$

---

8 전게서, p. 137.

9 전게서, p. 132 이하.

위의 식에서 기호의 의미는 다음과 같다.

$\triangle G$: 이윤증가액

$\triangle K$: 원가절감액; $\triangle K = x_1 \cdot (k_0 - k_1)$

$\triangle G_x$: 생산량증가에 따른 이윤증가액; $\triangle G_x = (x_1 - x_0) \cdot g_0$;

    g_0 : 투자 전의 단위당 이윤(원/단위당)

$\triangle G_Q$: 품질향상에 따른 이윤증가액 ; $\triangle G_Q = x_1 \cdot \triangle g_Q$;

    g_Q : 고품질 달성을 통한 단위당 이윤증가액(원/단위당)

$\triangle G_t$: 시간단축을 통한 제품의 조기판매에 따른 이윤증가액

    $\triangle G_t = x_1 \cdot \triangle g_t$;

    g_t : 조기판매, 적시의 시장진출, 공정의 단축 및 고객요구에
    대한 신속한 반응 등을 통한 이윤증가액(원/단위당)

계산 가능한 이윤증가액은 다음과 같다.[10]

$$\triangle G_{kalk} = \triangle G_1 - \triangle G_0 = (UE_1 - K_1) - (UE_0 - K_0)$$

여기에서 기호의 의미는 다음과 같다.

$\triangle G_{kalk}$: 계산 가능한 이윤증가액

$UE_{0/1}$: 투자 전과 투자 후의 매출수익(원/연간)

$K_{0/1}$: 투자 전과 투자 후의 연간원가(원/연간)

---

10 전게서, p. 132.

이 방법에서는 여러 가지 대안들로부터 이윤극대적인 혁신아이디어가 채택될 수 있다. 또한 제품아이디어와 공정아이디어가 동시에 검토될 수 있다. 그러나 이 방법에서는 아이디어 평가의 시점에서 매출수익과 원가를 정확하게 파악하기 어려운 단점이 있다.

(3) 자본가치평가

어떤 투자에 대한 자본가치(capital value)는 '투자와 인과관계를 갖는 모든 수입과 지출에 대한 현재가치의 차이'로 정의될 수 있다.[11] 자본가치는 다음과 같이 결정된다.[12]

$$KW = \sum_{t=0}^{n} \frac{(E_t - A_t)}{(1+i)^t} = \sum_{t=0}^{n} (E_t - A_t)(1+i)^{-t}$$

위의 식에 표시된 기호의 의미는 아래와 같다.

KW : 자본가치
E : 수입(원)
A : 지출(원)
t : 0에서 n년까지의 수익기간
I : 산정이자율
$(1+i)^{-t}$: 현가율

11 전게서, p. 143; Busse von Colbe/Laßmann(1990), p. 47; Spremann(1991), p. 354.
12 Heyde et al.(1991), p. 143.

의사결정자는 자본가치평가를 통하여 수많은 기술투자 대안들 중에서 가장 높은 자본가치를 갖는 대안을 선택한다.[13] 자본가치평가는 기술아이디어의 실현을 위해 투입되는 자본의 관점에서 여러 가지 대안들이 합리적으로 평가되는 장점이 있는 반면, 현재 시점에서 수입, 지출 및 이자율을 산정하여 계산하기 때문에 다소 현실성이 떨어질 수 있는 단점이 있다.

11.3 기술가치 평가

11.3.1 기술가치 평가의 의의와 과정

기술가치 평가의 의의

기술가치 평가(technology valuation)는 기업이 보유하고 있거나 새롭게 창출한 기술의 경제적 가치를 평가하는 것을 의미한다. 이러한 기술의 경제적 가치의 평가는 어떤 특정 기술로부터 창출되는 미래의 수익을 현재의 가치로 환산하는 활동으로 볼 수 있다.[14] 그러므로 기술가치 평가는 특정 기술에 대한 경제적 가치를 추정할 수 있게 하여, 기술의 공급자 또는 수요자 측면에서 연구개발에 대한 효과적이고 효율적인 투자계획 및 집행을 위하여 중요한 역할을 한다.[15] 기술가치를 객관적이고 정량적인 지표로 평가하는 것은

---

13 Bea/Dichtl/Schweitzer(Ed., 1994b), p. 216.
14 강경모(2016), p. 223.
15 전승표 외(2017), p. 143.

매우 어려운 과제에 속하는데, 그 이유를 살펴보면 다음과 같다.[16]

- 기술의 무형적 특성 : 기술이 지닌 무형적 특성 때문에 기술가치 평가는 주관적으로 이루어질 수 있는 가능성을 내포하고 있다.
- 기술거래에 있어서의 수요와 공급의 불균형 : 기술거래는 공급자 시장을 중심으로 수행되기 때문에 수요와 공급의 균형에 기초한 적정한 시장 가격의 형성이 어려울 수 있다.
- 높은 불확실성과 위험도 : 첨단기술의 경우 높은 불확실성과 위험도 때문에 기존의 기술투자 가치와 미래에 발생할 시장가치를 정확하게 측정하기 어렵다.
- 패키지로 거래되는 기술 : 일반적으로 기술거래는 다수의 관련 기술이 결합된 패키지의 형태로 거래되는 경향이 있기 때문에 개별기술의 가치를 평가하는 것은 매우 힘들 수 있다.
- 산업 또는 기술 분야의 다양성 : 산업 또는 기술 분야의 다양성 때문에 기술가치 평가가 모든 분야에 걸쳐 보편적으로 수행될 수 없는 상황이 발생한다.

기술가치 평가의 목적은 기술과 관련된 다양한 경영활동을 원활하게 수행하는 관점에서 설정될 수 있다. 〈표 11-1〉은 기술가치 평가의 목적을 제시한다.

---

16 박용태/기술경영연구실(2012), p. 412.

표 11-1	기술가치 평가의 목적
구 분	**평가목적**
거 래	기술자산의 구입, 판매, 라이선싱을 위한 거래가격 책정
금 융	기술자산의 재무증권화 또는 대출담보 설정
세 무	기술자산의 기증, 처분, 상각을 위한 세무계획 이행
전 략	기업의 가치증대, 기술상품화, 분사, 인수합병
청 산	기업청산 시의 자산평가, 채무상환계획 수립
소 송	특허권 침해, 채무 불이행, 기타 재산분쟁 소송

자료원 : 강경모(2016), p. 224.

기술가치 평가의 과정

기술가치 평가의 과정은 기관에 의한 평가(예를 들면, 우리나라의 기술보증기금에 의한 평가)와 기업자체의 평가에 따라 다르게 구성될 수 있다. 아래에서는 기업자체의 평가에 국한하여 이러한 과정을 제시하고자 한다. 특히, 아래에 제시된 기술가치 평가의 과정은 수익접근법에 기초한 9단계로 구성되어 있다(수익접근법에 대한 자세한 내용은 11.3.2 참고).[17]

- 1단계 : 기술성, 시장성, 권리성 분석
  - 대상기술분석/기초자료수집
  - 기술성, 권리성, 시장성, 사업성 분석
  - 기술가치 평가를 위한 기초분석 종합평가

---

17 김진우 외(2017), p. 209 이하.

- 2단계 : 기술의 경제적 수명 측정
  - 전문가 의견 수렴
  - 과거 DB를 통한 계량적, 통계적 추정
- 3단계 : 매출액 추정
  - 기술수명을 고려하여 매출액 추정
  - 평가대상기술에 대한 매출액이 없는 경우에는 국내외 잠재시장규모 및 시장점유율을 고려하여 추정
- 4단계 : 재무제표 추정
  - 손익계산서, 재무상태표 추정
  - 유사기업이 있는 경우(동종업계 영업규모별 표준재무제표)
  - 유사기업이 없는 경우(기술적 유사성이 없는 기업의 과거 3년 재무제표 평균)
- 5단계 : 미래현금흐름 추정
  - 미래현금흐름＝세후 영업이익＋감가상각비－자본적 지출－운영자본의 증가
- 6단계 : 할인율 추정
  - 할인율＝가중 평균된 자본비용＋위험프리미엄
- 7단계 : 기술가치 산정
  - 기술가치＝사업가치×기술기여도
- 8단계 : 기술기여도 추정
  - 기술의 사업가치 중 기술이 공헌한 비율
  - 기술기여도＝산업기술요소×개별기술강도
- 9단계 : 사업가치 산출
  - 미래현금흐름에 대한 현재가치

11.3.2 기술가치 평가방법

기술가치 평가를 위해 다양한 방법들이 활용되고 있지만, 아래에서는 그 중에서 가장 대표적인 방법으로 평가받고 있는 비용접근법, 시장접근법 및 수익접근법에 대하여 구체적으로 살펴보기로 한다.[18]

비용접근법(cost approach)

이 방법은 일정한 평가시점에서 평가대상 기술을 개발하거나 획득하는 데 소요되는 모든 비용을 금액으로 산출한 후 이를 합산하여 그 기술의 가치를 평가한다. 즉, 평가대상 기술을 개발하기 위하여 투입한 인적 및 물적 자원의 가치(금액)를 합산한 후, 이것을 현재가치로 환산하면 기술가치 평가가 완료된다.

이 방법은 매우 단순하지만 미래에 발생할 수 있는 경제적 이익과 투자위험을 고려하지 않기 때문에 거의 사용되지 않는다. 일반적으로 이 방법은 연구개발에 투입된 비용을 평가대상 기술의 가치로 판단하며, 그 기술이 상품화되기까지 추가 연구개발이 필요한 초기단계의 기술 또는 아직 시장이 형성되지 않은 기술의 가치를 평가할 때 사용된다.

이 방법의 장점과 단점은 다음과 같이 요약될 수 있다.

---

18 박용태/기술경영연구실(2012), p. 414 이하; 이영덕/조석홍(2013), p. 234 이하; 강경모(2016), p. 228 이하; 김진우 외(2017), p. 203 이하.

- 장점
  - 관련된 회계 또는 시장 자료가 확보되어 있는 경우, 기술가치가 매우 쉽게 측정될 수 있다.
- 단점
  - 평가대상 기술에 대한 미래의 경제적 이익과 투자위험이 평가되지 않는다.
  - 단순한 기술개발비용의 합산만으로는 평가대상 기술의 진정한 가치를 파악하기 어렵다.

시장접근법(market approach)

이 방법은 평가대상 기술과 유사한 기술의 시장거래가격을 측정하여 그 기술의 가치를 평가한다. 그러나 현실적으로 볼 때, 다른 기업이 보유하거나 창출한 유사한 기술이 무엇인지 정의하기가 어려울 뿐만 아니라, 시장에서 기술거래가 이루어졌다 하더라도 다른 기업이 거래한 금액을 정확하게 파악하기 어려울 수 있다.

이 방법은 유사한 기술의 거래결과를 충분히 알 수 있는 시장상황에서 유용하게 활용될 수 있다. 또한 이 방법은 평가대상 기술을 라이선싱하는 경우에 있어서 이에 대한 로열티를 산정하는 데 도움을 줄 수 있다.

이 방법의 장점과 단점을 살펴보면 아래와 같다.

- 장점
  - 시장정보의 확인이 가능하고 시장에서의 유사한 기술의 거래금액을 확실히 알 수 있는 경우, 평가대상 기술의 가치평가가 매우 쉽

게 이루어질 수 있다.

- 단점
  - 평가대상 기술에 대한 시장거래가 거의 없거나 관련된 시장정보의 확인이 어려울 경우, 이 방법으로 평가대상 기술의 가치를 평가하는 것은 거의 불가능할 수 있다.
  - 평가대상 기술 간의 이질성이 높고 호환성이 낮은 경우, 평가결과가 무의미할 수 있다.

수익접근법(income approach)

이 방법은 평가대상 기술을 활용하여 발생할 수 있는 미래의 예상 기대수익을 예측하고, 이를 현재가치로 환산하여 그 기술의 가치를 평가한다. 이에 대한 구체적인 과정은 앞에서 설명한 바와 같이 9단계로 구성되어 있다(자세한 내용은 11.3.1 참고).

즉, 이 방법은 평가대상 기술의 미래수익에 대한 예측을 기초로 하여 현금흐름을 추정하고, 위험요소 및 기대수익률을 고려하여 할인율을 계산하고, 이 할인율을 적용하여 현금흐름을 할인함으로써 현재가치를 파악하는 데 중점을 둔다. 평가대상 기술의 가치는 다음과 같은 수식으로 계산된다.

$$기술의\ 가치 = \sum_{t=1}^{n} \frac{FCF_t}{(1+r)^t} \times TF$$

위의 식에 표시된 기호의 의미는 다음과 같다.

t : 연 수

n : 기술의 경제적 수명

FCF(free cash flow) : 잉여현금흐름(기업이 사업으로 벌어들인 수익 중 세금, 영업비용, 설비투자액 등을 제외하고 남은 현금을 의미함)

r : 할인율(위험요소 및 기대수익률을 고려한 할인율)

TF(technology factor) : 기술기여도(사업가치 중에 사업화 기술이 공헌한 비율, 사업화 기술이 이익창출에 기여한 상대적 비중)

이 방법의 장점과 단점을 살펴보면 다음과 같다.

- 장점
  - 평가대상 기술의 가치평가에 있어서 기술의 경제적 수명, 잉여현금흐름, 할인율 등이 구체적으로 고려되기 때문에 매우 실용적이다.
- 단점
  - 기술의 가치평가에서 중요한 의미를 갖는 잉여현금흐름은 미래시점의 현금흐름과도 관련되어 있기 때문에 정확한 예측이 어렵다.
  - 기술기여도를 산정하는 과정에서 투입되는 변수들은 모두 예측변수이기 때문에 추정자체가 가진 문제점에 그대로 노출될 수 있다.

기술보호

CHAPTER 12

CHAPTER 12

기술보호

지적 재산권의 의의와 종류

12.1.1 지적 재산권의 의의

지적 재산권(intellectual property rights)은 인간의 지적인 노력에 의해 만들어진 창작물에 부여된 재산권을 말한다.[1] 유엔 세계 지적 재산권 기구(World Intellectual Property Organization, WIPO)는 지적 재산(intellectual property)을 '발명, 문학과 예술 작품, 디자인, 상업적으로 사용되는 상징, 이름 및 이미지 등과

---

1 박주홍(2017), p. 198.

같은 정신적 창작물'로 정의하고 있다.[2]

지적 재산권은 법적인 규정에 기초하여 배타적인 권리를 보장받을 수 있기 때문에 시장에서의 독점적 지위의 확보를 가능하게 한다. 지적 재산권의 주요 기능은 다음과 같이 요약될 수 있다.[3]

- 시장에서의 독점적 지위 확보 : 지적 재산권(예를 들면, 특허)은 시장에서 독점적이고 배타적인 권리를 보유한다. 기업의 관점에서 볼 때, 지적 재산권은 가치창출, 소비자의 신뢰도 증대 및 기술판매를 통한 로열티 창출 등의 기능을 갖고 있다.
- 특허 분쟁의 사전 예방 : 기업 또는 개인은 연구개발의 결과물(예를 들면, 발명, 개발기술)을 법률적 규정에 따라 등록함으로써 자신의 권리를 다른 기업 또는 타인이 무단 사용하는 경우, 이에 대한 법적인 보호를 받을 수 있다.
- 연구개발 투자비의 회수 및 향후 추가 기술개발의 원천 : 연구개발의 결과물이 지적 재산권을 갖는다면, 기업 또는 개인은 지적 재산권의 독점적 활용 또는 다른 기업으로의 판매 등을 통하여 연구개발에 투자한 비용을 회수할 수 있다. 이렇게 창출된 수익은 향후의 추가 기술개발을 위한 자금으로 활용될 수 있다.

지적 재산권의 문제는 자유무역협정 등 국가 간 무역협상에서 매우 민감한 문제로 다루어지고 있으며, 경우에 따라서 국가 간 심각한 무역분쟁의 원인이 되기도 한다. 또한 정보화 사회에 있어서 글로벌 기업이 보유한 지

---

2 http://www.wipo.int/about-ip/en/.
3 고석하/홍정유(2013), p. 13 이하.

적 재산권은 물리적인 국경을 넘어서 빠른 속도로 유통되거나 유출될 수 있기 때문에 보호를 위한 노력이 요구된다. 글로벌 기업은 다음과 같은 접근을 통하여 그들이 보유한 지적 재산권을 적극적으로 관리하는 것이 바람직하다.[4]

- 글로벌 지적 재산권 관리와 활용을 위한 전담팀의 구성과 운영
- 글로벌 특허분쟁의 해결을 위한 법무팀 구성과 운영
- 미국, 유럽 및 일본에서의 동시적 3극 특허(tripolar patents)의 등록을 통한 글로벌 특허 선점효과의 추구

12.1.2 지적 재산권의 종류

지적 재산권은 독점적 권리를 갖는 다양한 형태의 무형적 재산권을 포괄한다. 지적 재산권의 종류를 살펴보면 다음과 같다.[5]

- 특허(patents) : 발명을 한 기업, 개인 또는 그의 정당한 승계인에게 그 발명을 대중에게 공개한 대가로 일정 기간 동안 배타적인 권리를 주는 행정행위
  - 실용 특허(기계, 제조물, 합성물 및 방법 등)
  - 디자인 특허
  - 식물 특허(특별하게 재배되거나 개량된 식물 특허)

---

4 박주홍(2017), p. 199 이하.
5 전게서, p. 198 이하 수정 재인용.

- 저작권(copy right) : 저작자가 그 자신이 창작한 저작물에 대해서 갖는 권리
  - 서적, 음악, 그림, 조각품, 영화 등
  - 컴퓨터 프로그램, 데이터베이스, 광고, 지도, 기술적 설계도 등
- 등록상표(trademarks) : 제품 또는 서비스의 특성을 보장받기 위하여 법적인 등록 절차를 마친 상표
- 산업적 디자인(industrial designs) : 산업적으로 활용되는 구성, 표현양식 또는 장식
  - 모양 또는 표면으로 표현된 3차원적 디자인
  - 패턴, 선, 색상으로 표현된 2차원적 디자인
- 영업비밀(trade secrets) : 공공연히 알려져 있지 아니하고 독립된 경제적 가치를 가지는 것으로서, 상당한 노력에 의하여 비밀로 유지된 생산방법, 판매방법, 그 밖에 영업활동에 유용한 기술상 또는 경영상의 정보(우리나라의 <부정경쟁방지 및 영업비밀보호에 관한 법률> 제2조 제2항)
- 지리적 표시(geographical indications) : 특정 장소의 이름을 상표권으로 인정하는 제도(예 보르도 포도주, 카망베르 치즈, 스카치 위스키 등)

12.2 기술유출과 기술보호

12.2.1 기술유출

기업의 관점에서 볼 때, 기술유출(technology leakage)은 어떤 기업이 보유한 기술을 다른 기업이 불법적으로 탈취하는 것을 말한다. 특히, 기업이 보

유한 핵심기술은 기업의 가장 중요한 자산에 속한다. 그러므로 기술유출을 방지하는 것은 기술유출로 인하여 발생할 수 있는 심각한 손실을 줄이는 활동으로 볼 수 있다. 기술유출은 기업이 특정 기술을 개발하는데 투자한 비용과 시간을 무의미하게 만들 뿐만 아니라, 이 기술을 통해 획득될 수 있는 미래의 수익을 감소시킬 수 있다.

기업이 직면할 수 있는 기술유출의 주요 경로와 특징을 간략히 살펴보면 다음과 같다.[6]

- 인력이동 : 기술과 노하우를 보유한 핵심인력이 국내외의 다른 기업에 의해 스카우트가 되는 경우, 기술유출의 위험이 매우 높다(인력 스카우트에 대한 자세한 내용은 12.3.2 참고). 일반적으로 다른 기업에 의해 스카우트의 대상이 되는 인력은 높은 연봉 및 각종 인센티브에 유인되어 그 기업으로 이직하는 경향이 있다.
- 부품 및 장비를 공급 또는 수출하는 과정에서의 노하우 이전 : 협력업체가 부품 및 장비를 공급 또는 수출하는 과정에서 기술 및 노하우가 경쟁업체에게 유출될 수 있다. 즉, 이러한 부품 및 장비의 생산에 투입된 기술이 벤치마킹 또는 불법적인 복제의 대상이 될 수 있다.
- 기술거래 : 기술거래를 통하여 특정 기술이 국내외의 다른 기업에 이전된 경우, 그 기술을 취득한 기업이 계약을 위반하거나 일방적으로 파기함으로써 기술유출이 발생한다.
- 인수합병 : 기업의 국제적인 인수합병을 통하여 기업은 합법적으로 기술을 획득할 수 있지만, 국가적인 차원에서 볼 때 인수합병의 대상이

---

6 임영모 외(2004), p. 5 이하; 박창규(2010), p. 244 이하.

되는 기업이 소재한 국가의 핵심기술이 다른 국가로 유출될 수 있다.

- 산업 스파이 활동 : 경쟁업체가 특정 기업의 내부인력을 포섭하거나 위
  장취업 등의 방법을 통해 그 기업의 핵심기술이 유출될 수 있다. 또한
  산업 스파이는 다른 기업의 컴퓨터 또는 네트워크에 무단으로 침입하
  는 해킹(hacking)을 통해 핵심기술을 탈취하기도 한다(산업 스파이에 대한
  자세한 내용은 12.3.1 참고).

  기술유출은 개별기업뿐만 아니라 국가적 차원에서 볼 때 매우 중대한 문
제로 대두되고 있다. 기술유출의 방지를 위해 무엇보다도 중요한 것은 사전
예방이다. 〈표 12−1〉은 기술유출 유형별 대응방안을 보여준다.

표 12-1	기술유출 유형별 대응방안	
유 형	대응방안	유의사항
인력이동	• 비밀유지 서약서 작성 • 핵심인력 관리 및 보상 강화	이직 자유와의 조화
부품 및 장비	• 기밀유지 관련 조항을 계약서에 삽입 • 협력업체와 상생의 파트너십 형성	해외 진출한 협력업체 감독
기술거래	• 국가별 지적 재산 보호수준에 따라 전략 차별화 • 기술이전 과정에 대한 관리감독 강화	계약 이외의 기술유출 차단
인수합병	• 국가 핵심기술을 지정하여 체계적으로 관리	해당 산업에의 영향 고려
산업 스파이	• 보안체계를 상시적으로 점검하고 보완 • 전체 직원에게 정기적인 보안교육 실시	불법행위 감시

자료원 : 임영모 외(2004), 박창규(2010), p. 247 재인용.

12.2.2 기술보호

기술보호의 의의

기술보호(technology protection)는 기업이 보유한 모든 기술 또는 노하우뿐만 아니라 지적 재산권이 있는 모든 무형적 재산을 다른 기업 또는 경쟁기업의 도용 또는 위협으로부터 안전하게 지키는 것을 의미한다. 기술보호를 위해 기업은 다음과 같은 활동을 할 필요가 있다.

- 지적 재산권의 등록 : 기업은 법적인 보호를 받기 위해 특허, 저작권, 상표(브랜드) 등과 같은 지적 재산을 법률적 규정에 따라 등록하여야 한다.
- 지적 재산권 전담 관리자의 배치 : 지적 재산권 전담 관리자는 국내외에서 활동하는 기업이 보유한 모든 지적 재산권의 보호를 위해 활동하여야 한다. 이러한 기술보호를 통하여 지적 재산의 탈취 또는 도용에 의한 불이익이 회피될 수 있다.
- 국제특허의 출원과 등록 : 국경을 초월하여 지적 재산권(예를 들면, 발명, 기술개발의 결과물 등)을 보호받기 위해서는 해당 국가에 국제특허를 출원하여 등록하는 것이 중요하다. 최근 들어 특허협력조약(Patent Cooperation Treaty, PCT)에 의한 국제특허를 출원하는 기업들이 늘어나고 있다. PCT에 의한 국제특허를 출원하는 경우에 있어서, 특허를 출원하는 국가에서 출원서를 제출하면 동시에 특허를 받고자 하는 다른 국가의 특허청에 출원을 신청한 것과 동일한 효력이 발생한다.[7]

---

7 강경모(2016), p. 295.

기업이 지적 재산권을 갖는 특허를 출원하여 등록하는 이유는 〈표 12-2〉에 제시된 바와 같다.

표 12-2	특허를 출원하여 등록하는 이유	
등록이유	제 품(%)	공 정(%)
복제 방지	96	78
특허 블로킹	82	64
소송 방지	59	47
협상에서의 활용	48	37
명성의 제고	48	34
라이선싱 수익	28	23
성과의 측정	6	5

자료원 : Cohen(2002); Trott(2012), p. 171 재인용.

기술보호와 법적 환경[8]

국내기업뿐만 아니라 현지국에서 활동하는 글로벌 기업은 본국뿐만 아니라, 현지국의 법률적 지배도 받으며 이루어지기 때문에 법적 환경(legal environment)을 이해하는 것은 매우 중요하다. 어떤 국가의 법적 환경을 이해하는 데 있어서 가장 중요한 것 중의 하나는 그 국가의 법체계를 파악하는 것이다. 일반적으로 어떤 국가의 법체계는 성문법(대륙법)과 불문법(영미법) 중에서 하나에만 근거하여 구성된다.

성문법(civil law)은 입법기관에 의하여 만들어지고, 그 내용이 문서로 작성되어 일정한 형식과 절차를 거쳐서 공포된 법을 말한다. 예를 들면, 어떤 국가의 헌법·법률·명령·조례·규칙·조약 등은 성문법에 속한다. 이와 반대

8 박주홍(2012), p. 106 이하 수정 재인용.

로 불문법(common law)은 성문법 이외의 법으로서 문장으로 표현되지 않으며, 일정한 법제정기관에 의한 소정의 절차를 거치지 않고 형성된 법을 말한다. 예를 들면, 사회생활 속에서 법적인 확신 또는 인식을 가지고 관행적으로 행해지는 관습을 내용으로 하는 관습법, 그리고 법원이 구체적인 사건에 대하여 내린 판결이 유사한 사건에 반복·답습됨으로써 일정한 법적 규범의식을 갖게 된 판례 및 사물의 합리성 또는 본질적 법칙을 말하는 조리(條理) 등은 불문법에 해당된다.

일반적으로 현지국의 법률에 대한 구체적인 검토는 기업의 법무팀, 현지국의 변호사 또는 법무법인 및 경영컨설팅회사 등에 의하여 이루어질 수 있다. 즉, 이러한 법률자문을 통하여 글로벌 경영자는 현지국의 법률에 의해 영향을 받게 되는 글로벌 기업의 활동 및 행위와 관련된 구체적인 지식 또는 정보를 획득할 수 있다.

현지국에서 활동하는 글로벌 기업은 여러 가지 규제적 법률환경(regulative legal environment)에 노출되어 있다. 이러한 규제적 법률환경은 글로벌 기업활동에 심각한 타격 또는 손실을 야기시킬 수 있다. 예를 들면, 기술보호를 담당하는 관리자는 본국뿐만 아니라 현지국의 특허, 상표 및 지적 재산권 등과 관련된 법률을 검토하여야 한다.

지적 재산권을 갖고 있는 브랜드는 글로벌 기업의 중요한 자산의 하나이기 때문에 이에 대한 보호는 전략적으로 매우 중요한 이슈에 속한다. 일반적으로 현지국에서의 브랜드 등록여부에 상관없이 개발도상국 또는 후진국의 개인 또는 기업에 의한 무단복제, 브랜드 모방 또는 브랜드 도용이 지속적으로 발생하고 있으며, 이는 글로벌 기업의 직접적 또는 간접적 손실로 이어질 수 있다.[9]

---

9 박주홍(2013), p. 237 이하 수정 재인용.

무단복제(counterfeiting)는 오리지널 제조업체의 허락없이 모조품을 생산하여 판매하거나, 또는 저작권자와의 계약이나 허락없이 컴퓨터 소프트웨어, 음반 등의 저작물을 판매의 목적으로 복제하는 것을 말한다. 브랜드 모방(brand imitation)은 오리지널 브랜드와의 구분이 어렵도록 브랜드를 변경(예를 들면, 비슷한 발음, 디자인 등을 사용함)하여 사용하는 것을 의미하며, 반면에 브랜드 도용(brand piracy)은 오리지널 브랜드를 브랜드 등록기업의 허락없이 무단으로 등록하거나 사용하는 것을 뜻한다. 〈표 12-3〉은 모방 브랜드의 사례를 제시한다.

표 12-3   모방 브랜드의 사례

오리지널 브랜드명	모방 브랜드명
Walmart	Wumart
Nike	Nire
Dunhill	Dunhell
SONY Battery	SQNY Battery
Honda	Hongda
Puma	Pama, Fuma
Coca-Cola	Caca-Cala
Starbucks coffee	Bucksstar coffee
Samsung Anycall	Samsong Anycoll, Samsong Amycall
Pizza Hut	Pizza Huh, Pizza Hot
Monami	Monani, Monagi
신(辛) 라면	신랄(辛辣) 라면
진로(眞露) 참이슬	진일로(眞日露) 참일슬

자료원 : 박주홍(2013), p. 237.

브랜드(예를 들면, 등록상표) 보호를 위해 글로벌 기업은 브랜드 소유권과 관련된 현지국의 법체계를 검토하여야 한다. 어떤 국가의 브랜드 보호와 관련된 법적 환경을 이해하는 데 있어서 가장 중요한 것 중의 하나는 그 국가의 법체계를 파악하는 것이다. 일반적으로 어떤 국가의 법체계는 성문법(대륙법)과 불문법(영미법) 중에서 하나에만 근거하여 구성된다.[10] 이러한 법체계를 근거로 다음과 같은 두 가지의 브랜드 보호와 관련된 원칙이 제시될 수 있다.[11]

- 등록 우선주의(priority in registration) : 이것은 법률이 정한 규정과 절차에 따라 특허를 담당하는 관청에 브랜드의 소유권을 먼저 등록한 개인 또는 기업에게 소유권을 인정하는 것을 의미한다. 성문법 체계를 갖고 있는 국가들(예를 들면, 한국, 일본, 독일, 프랑스, 이탈리아 등)이 이 원칙을 채택하고 있다.
- 사용 우선주의(priority in use) : 이것은 브랜드를 먼저 사용한 개인 또는 기업에게 브랜드의 소유권을 인정하는 것을 말한다. 불문법 체계를 유지하고 있는 국가들(예를 들면, 영국, 미국, 캐나다, 필리핀 등)이 이 원칙을 따르고 있다.

기술보호와 법적 분쟁의 해결방법[12]

글로벌 기업이 현지국에서 경영적 분쟁뿐만 아니라 지적 재산권과 관련

---

10 박주홍(2009), p. 89.
11 Terpstra/Sarathy(1994), p. 276.
12 박주홍(2012), p. 108 이하 수정 재인용.

된 법적 분쟁에 휘말릴 경우에는 소송, 타협과 화해 및 중재를 통하여 이러한 분쟁을 해결할 수 있다.[13]

- 소송(litigation) : 현지국에서 어떤 법적인 문제가 발생하였을 때, 글로벌 기업은 현지국 법원에 소송을 제기할 수 있다. 그러나 이 해결방법은 최후의 수단으로 사용되어야 한다. 왜냐하면 소송은 비용이 많이 들고, 오랜 시간이 걸리고, 기업의 이미지가 악화될 수 있고, 현지국 법정에서 차별대우를 받을 수 있는 단점이 있기 때문이다.
- 타협(conciliation)과 화해(mediation) : 타협과 화해는 법적 분쟁의 당사자들이 비공식적 또는 자발적으로 합의하여 분쟁을 해결하는 방법이다. 이 방법은 분쟁을 평화적으로 해결할 수 있는 장점을 갖고 있으나, 타협이나 화해에 실패할 경우 중재 또는 소송으로 이어질 수밖에 없는 단점을 갖고 있다.
- 중재(arbitration) : 중재는 분쟁의 당사자들과 이해관계가 없고, 전문성을 보유한 제3자 또는 기관을 중재자를 선정하여 분쟁을 해결하는 방법이다. 이 방법은 시간이 적게 걸리고, 비용이 적게 들며, 기업의 이미지를 손상시키지 않는 장점을 갖고 있다. 국제적으로 인정받고 있는 중재기관으로는 1923년에 설립된 국제상공회의소 산하의 국제중재법원(International Court of Arbitration)을 들 수 있다. 현지국에서의 법적 분쟁이 소송으로 이어지는 것을 방지하기 위하여 글로벌 기업이 체결하는 지적 재산권과 관련된 모든 계약(예를 들면, 라이선싱)에 중재조항을 삽입하는 것이 바람직하다.

---

13 Ball et al.(2004), p. 367; Czinkota(2005), p. 125.

기술보호전략(technology protection strategy)

기술보호전략은 크게 다음과 같은 두 가지로 구분할 수 있다. *실링*(*Schilling*)은 이 두 가지 기술보호전략을 완전 폐쇄형 시스템(wholly proprietary systems)과 완전 개방형 시스템(wholly open systems)으로 각각 분류하였다.[14] 이에 대한 주요 내용을 간략히 제시하면 다음과 같다.

- 완전 폐쇄형 시스템 : 이것은 특허, 저작권, 영업비밀(기업비밀), 또는 다른 형태의 메커니즘으로 철저하게 보호받는 기술을 기반으로 한 제품들로 그 시스템이 구성되어 있다. 완전 폐쇄형 기술은 개발자에 의해서만 합법적으로 생산되고 수정된다.
- 완전 개방형 시스템 : 이것은 어떤 법적인 근거에 의해 보호받지 않으며 누구나 자유롭게 기술을 활용하거나 확대할 수 있는 기술에 기반을 둔 제품들로 그 시스템이 구성되어 있다.

〈그림 12-1〉은 완전 폐쇄형 시스템과 완전 개방형 시스템을 보여준다. 이 그림에 나타나 있는 바와 같이, 기술보호전략은 완전 폐쇄형에서부터 완전 개방형에 이르기까지 두 가지 큰 차원의 기술보호전략을 기초로 하여 5개의 세부전략으로 구성되어 있음을 알 수 있다. 기업이 기술보호를 위해 어떤 세부전략을 선택할지는 그 기업의 상황에 따라 결정되어야 하는 문제이다.

---

14 김길선 역, Schilling 저(2017), p. 229 이하.

- 완전 폐쇄형(wholly proprietary)

- 제한적 라이선싱(limited licensing)

- 중간 수준의 라이선싱(moderate licensing)

- 자유로운 라이선싱(liberal licensing)

- 완전 개방형(wholly open)

그림 12-1 완전 폐쇄형과 완전 개방형 시스템

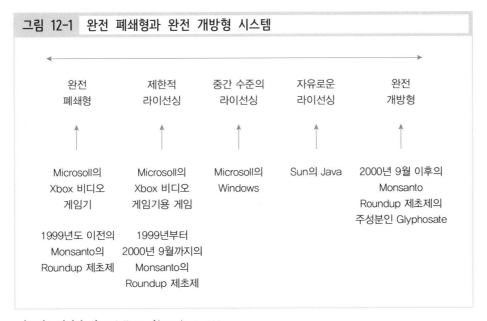

자료원 : 김길선 역, Schilling 저(2017), p. 230.

12.3 기술보호와 윤리적 이슈[15]

윤리적 관점에서 볼 때, 기업의 경쟁자는 무엇보다도 경쟁의 공정성 (fairness of competition)과 관련되어 있다. 기업의 경쟁자와 관련된 윤리경영은 기술보호의 차원에서 접근하여야 한다. 특히, 기술보호와 관련된 주요 윤리적 이슈는 아래에서 논의되는 산업 스파이, 인력 스카우트 및 지적 재산권 침해 등이다.

12.3.1 산업 스파이

산업 스파이(industrial espionage)는 경쟁기업 또는 개인이 경제적 목적으로 경쟁대상 기업의 정보(기술, 영업비밀 등)를 불법적으로 편취하려는 목적으로 저지르는 경제범죄(economic crime)에 속한다. 산업 스파이에 의해 불법적으로 취득된 정보 및 기술은 피해기업에게 엄청난 손실을 발생시킬 수 있다. 또한 산업 스파이에 의해 유출된 각종 정보 및 기술 등은 피해국가의 국부 유출로 이어진다.

우리나라는 2007년 4월 28일부터 시행하고 있는 '산업기술의 유출방지 및 보호에 관한 법률(산업기술유출방지법)'을 통하여 산업 스파이의 범죄행위를 법적으로 대처하고 있다. 이 법률에 의하면 법적으로 보호를 받을 수 있는 산업기술은 다음과 같이 분류할 수 있다.[16]

---

15 박주홍(2017), p. 275 이하 수정 재인용.
16 주성빈(2011), p. 163.

- 국내에서 개발된 독창적인 기술로서 선진국 수준과 동등 또는 우수하고 산업화가 가능한 기술
- 기존 제품의 원가절감이나 성능 또는 품질을 현저하게 개선시킬 수 있는 기술
- 기술적 및 경제적 파급효과가 커서 국가기술력 향상과 대외경쟁력 강화에 이바지할 수 있는 기술
- 위와 같은 산업기술을 응용 또는 활용하는 기술
- 국내외 시장에서 차지하는 기술적 및 경제적 가치가 높거나 관련 산업의 성장 잠재력이 높아 해외로 유출될 경우에 국가의 안전보장 및 국민경제의 발전에 중대한 악영향을 줄 우려가 있는 산업기술(국가핵심기술이라고 함)

미국의 경우에는 형사법적으로 연방차원에서 '경제 스파이법(Economic Espionage Act)'이 제정되기 이전에도 영업비밀 침해행위에 대하여 '연방장물법(National Stolen Property)' 등의 법률이 적용되었다. 그러나 적용범위의 제한 및 주차원에서의 민사적인 구제와 연방차원에서 분산된 형사적인 처벌로 인해 영업비밀(trade secret)이 충분히 보호되지 않자 1996년 영업비밀의 침해를 처벌하는 단일의 연방 법률인 '경제 스파이법'을 제정하여 시행하고 있다.[17] 이 법률은 자국 기업의 영업비밀을 침해한 외국회사 또는 외국인에 대한 강력한 제재조치를 포함하고 있다. 예를 들면, 영업비밀 침해죄 이외에도 외국 또는 외국회사 등 단체에 이익이 된다는 사실을 알면서 의도적으로 영업비밀을 침해하는 행위를 산업 스파이 범죄로 규정하고 있다.

---

17 옥필훈(2006), p. 364.

독일의 경우에는 영업비밀에 대하여 '부정경쟁방지법(Gesetz gegen den unlauteren Wettbewerb)'과 민법상의 영업비밀에 의하여 보호되어 왔다. 그러나 산업 스파이의 영업비밀 탐지의 행위자체는 처벌되지 않아서 법개정의 필요성이 제기되자 1986년 독일 연방의회는 종래의 '부정경쟁방지법'상의 영업비밀 보호조항을 개정·강화하여 컴퓨터범죄, 경제범죄의 일환으로 통과시켰다.[18]

특히, 신종유형의 산업 스파이에 대한 대처방안은 다음과 같이 요약될 수 있다.[19]

- 인수합병 등 합법적 산업기술유출에 대한 대책 : 중국 상하이 자동차의 쌍용자동차 인수합병을 통한 기술유출 사건처럼 외국기업이 인수합병을 통해 국내기업의 첨단기술을 그대로 가져가는 일이 재발되지 않도록 정부는 방지대책을 강구해야 한다. 정부는 기술유출이 우려되는 기업에 대한 인수합병을 제한할 수 있는 방법을 선택할 수 있다. 우리나라에서는 해외기업이 인수합병을 통해 국가핵심기술을 유출해가는 것을 방지하기 위하여 2008년 2월 22일 '외국인투자촉진법시행령'을 개정하여 인수합병에 의한 합법적인 산업기술유출에 대해 규제를 하고 있다.
- 해킹 등 사이버 산업 스파이에 대한 대책 : 사이버 산업 스파이는 일반적으로 해킹(hacking)을 통해 행해지는데, 산업기술유출방지법에는 이러한 전자 스파이 활동에 관한 명시적 처벌규정은 마련되어 있지 않다. 하지만, 통상 사이버 비밀침해는 형법상의 기술적 수단에 의한 비밀침해와 '정보통신망 이용촉진 및 정보보호 등에 관한 법률'상의 비밀침

---

18 전계논문.
19 이경렬(2010), p. 85 이하.

해에 의하여 처벌될 수 있다. 또한 정보통신망을 통하여 처리·보관 또는 전송되는 타인의 정보나 비밀은 '통신비밀보호법'에 의하여 처벌될 수도 있다.

- 외국정부 및 기관의 지원에 의한 산업 스파이 대책 : 산업 스파이가 외국의 정부나 기관 또는 외국기업의 지원을 받는 경우라면 '산업기밀유출방지법'의 역외적용의 문제가 대두될 수 있다. 외국정부의 지원을 받는 국제적 산업 스파이의 비밀침해에 대해서는 '산업기술유출방지법'이나 '부정경쟁방지법' 등에 의하더라도 산업기술의 보호가 제대로 확립되어 있지 않다. 그러나 외국정부 또는 기관의 지원을 받은 산업기술의 유출 또는 침해행위에 대해서는 세계무역기구(World Trade Organization, WTO)의 무역관련 지적 재산권 협정에 의해 보호받을 수 있다.

12.3.2 인력 스카우트

경쟁자에 의한 인력 스카우트(personnel scout)는 경쟁자가 상대 기업의 인력을 채용하는 것을 말한다. 일반적으로 인력 스카우트의 대상이 되는 직원은 관리직 또는 연구직이다. 경쟁사의 인력 스카우트에 응하는 이유는 다음과 같이 요약될 수 있다.

- 해고로 인하여 새로운 직장에 취업 : 자발적 또는 비자발적 실업상태에서 경쟁사에 입사함
- 임금 또는 근로조건이 좋은 경쟁사에 취업 : 자발적 퇴직을 통하여 경쟁사에 입사함

경쟁사의 인력 스카우트가 문제가 되는 것은 더 나은 임금 또는 근로조건으로 인하여 유능한 인력이 경쟁사로 유출되는 것이다. 경쟁사로 유출된 인력은 그들이 보유하고 있는 기술적 및 경영적 지식뿐만 아니라, 기업비밀 또는 영업비밀을 경쟁사에게 고스란히 전해주는 역할을 담당한다. 이러한 정보 및 비밀 유출로 인하여 해당기업은 경제적으로 큰 피해를 입을 수 있다.

경쟁사에 의한 인력 스카우트는 영업상의 비밀과 직업선택의 자유 사이에서 해결하여야 하는 문제를 안고 있다. 일반적인 신의칙상으로 볼 때, 경쟁사로 이직하는 직원은 그들이 이전의 기업에서 취득한 영업 또는 경영상의 비밀을 제3자인 경쟁사에게 누설하지 않는 것이 바람직하며, 경우에 따라서 이러한 누설행위는 법적인 책임을 수반할 수 있다. 이러한 문제를 사전에 예방하기 위하여 기업은 인력을 채용할 때 다음과 같은 조치를 하는 것이 바람직하다.[20]

- 퇴사 후 일정 기간 동안 경쟁기업에 이직하지 않는다는 조항(경업피지의무)을 넣어서 계약한다.
- 퇴사하는 직원에게 경업피지의무를 부과하는 경우 이에 상응하는 대가를 지불하여야 한다.
- 경쟁기업으로 이직하여 이전에 근무하였던 기업의 각종 비밀을 누설할 경우 법적인 책임을 묻는다.

---

20 하경효(2000), p. 54 이하.

글로벌 기업의 관점에서 볼 때, 경쟁사에 의한 인력 스카우트는 다음과 같은 경로로 진행될 수 있다.

- 본국(본사 또는 본국에 소재한 자회사)에서 현지국 경쟁사로의 스카우트
- 현지국(현지 자회사)에서 본국 경쟁사로의 스카우트
- 현지 자회사에서 현지국 경쟁사로의 스카우트
- 제3국 현지 자회사에서 다른 현지국 경쟁사로의 스카우트

글로벌 기업에서의 인력 스카우트는 국경초월적인 인력유출에 해당되기 때문에 기업뿐만 아니라 국가 차원에서도 중요한 문제로 인식되고 있다. 이와 같은 인력유출의 대상이 근로자가 아닌 전문경영인 또는 연구개발자인 경우에 이것은 두뇌유출(brain drain)에 해당된다. 그리고 이것은 고급인력을 유입하는 국가의 관점에서 볼 때 두뇌유입(brain gain)이라고 한다.

12.3.3 지적 재산권 침해

특정 기업이 보유한 지적 재산권(intellectual property rights)이 다른 기업에 의해 침해되는 경우, 이것은 그 기업에게 큰 손실로 작용할 수 있다. 최근 들어 이러한 지적 재산권의 문제는 국경을 초월하여 발생하는 양상을 띠고 있다. 특히, 글로벌 기업의 지적 재산권은 본사 및 현지 자회사가 보유하고 있는 특허, 저작권, 등록상표, 산업적 디자인 등과 같은 법적으로 보호를 받을 수 있는 기업 고유의 지적 재산권뿐만 아니라 법적으로 보호를 받을 수 없는 경영적 및 기술적 노하우 등을 포괄한다.

경쟁자에 의하여 법률적으로 보호를 받을 수 있는 지적 재산권에 대한 침해는 윤리적으로 문제가 될 뿐만 아니라 법적 소송의 대상이 된다. 글로벌 기업의 지적 재산권이 경쟁자에 의해 침해를 받는 경우, 글로벌 기업의 본사 및 현지 자회사의 소재지에 따라서 법적인 관할권이 다를 수 있다. 특히, 글로벌 기업의 지적 재산권 침해에 대한 문제는 국제적으로 주요한 이슈로 대두되고 있다. 아래에서는 지적 재산권에 관한 국제적인 보호협약에 대하여 논의하기로 한다.

지적 재산권에 관한 국제적인 보호협약

지적 재산권에 관한 대표적인 국제적인 보호협약은 산업재산권에 관한 파리협약과 저작권에 관한 베른협약이다. 이러한 협약의 의미를 간략히 살펴보면 다음과 같다.[21]

- 산업재산권에 대한 파리협약(Paris Convention for the Protection of Industrial Property) : 이것은 1883년에 체결된 매우 포괄적이고 종합적인 국제협정이다. 이 협약은 특허, 의장(디자인, 도안 등), 실용신안(특허보다 발명의 수준이 낮은 발명에 부여하는 지적 재산권), 상표 등의 산업재산권뿐만 아니라 상호, 원산지표시, 불공정 경쟁방지 등의 광범위한 분야를 포괄한다. 이 협약은 산업재산권의 보호를 위해 다음과 같은 두 가지 원칙을 채택하고 있다. 이러한 두 가지 원칙을 제외하고 이 협약은 각국의 법률이 인정하는 속지주의 원칙을 채택하고 있다.

---

21 강인수 외 7인(1999), p. 290.

- 내국민 대우(national treatment)의 원칙 : 각 가맹국이 내·외국인 차별 없이 동등한 수준의 보호를 취해야 하는 원칙
- 우선권(right of priority) 원칙 : 어떤 특정 국가에서 산업재산권 신청이 접수된 경우 1년의 시간적 여유를 두고 타회원국에 권리를 신청할 수 있는 원칙

• 저작권에 대한 베른협약(Berne Convention for the Protection Literary and Artistic Works) : 이것은 1886년에 체결된 저작권관련 국제협약이다. 이 협약은 다음과 같은 두 가지 원칙을 인정하고 있을 뿐만 아니라, 가입 전 저작물에 대한 권리도 소급하여 보호해 주는 소급주의를 인정하고 있다.

- 무방식주의(principle of automatic protection)에 따른 내국민 대우의 원칙 : 가맹국 중 어느 한 국가에서 발행된 저작물은 특별한 절차나 등록 없이도 다른 회원국에서 자동적으로 내국민과 동등하게 보호를 받는다는 원칙
- 보호독립의 원칙 : 이 협약에서 정한 최소 보호기간(저작자 사후 50년) 이후의 계속보호 여부는 각국에 위임된다는 원칙

참고문헌

강경모(2016), **기술경영**, 도서출판 두남.

강인수 외 7인(1999), **국제통상론**, 개정판, 박영사.

고석하/홍정유(2013), **R&D 프로젝트 관리**, 생능출판사.

김길선 역, Schilling, M. A. 저(2017), **기술경영과 혁신전략**(Strategic Management of Technological Innovation), 제5판, 맥그로힐에듀케이션코리아.

김의제(2009), **글로벌 시대 기술경영론**, 도서출판 아진.

김주헌(2004), **국제마케팅**, 제2판, 문영사.

김진우 외 18인(2017), **기술경영 – 인간중심의 기술사업화**, 박영사.

딜로이트 코리아 역, Christensen, C./Raynor, M. 저(2005), **성장과 혁신**(The Innovator's Solution: Creating and Sustaining Successful Growth), 세종서적.

문병준 외(2007), **국제마케팅**, 비즈프레스.

박용태/기술경영연구실(2012), **차세대 기술혁신을 위한 기술지식 경영**, 생능출판사.

박주홍(1996), "제품혁신을 위한 연구개발의 국제화-한국 자동차산업을 중심으로-," **경상논총**, 제14집, 한독경상학회, pp. 123~139.

박주홍(2003), "연구개발의 글로벌화 관점에서의 조직구조와 조직관리에 대한 이론적 연구-펄뮤터(Perlmutter)의 EPRG 모델을 중심으로-," **한독**

사회과학논총, 제13집, 제2호, 한독사회과학회, pp. 149~166.

박주홍(2004), "자동차 기업의 글로벌소싱에 대한 사례연구-쌍용자동차를 중심으로-," **경상논총**, 제29집, 한독경상학회, pp. 157~177.

박주홍(2007), **국제경쟁력강화를 위한 전사적 혁신경영**, 삼영사.

박주홍(2008), "국제기술이전의 평가를 위한 체크리스트의 개발과 활용방법: 기술제공기업의 관점에서," **경상논총**, 제26권, 제2호, 한독경상학회, pp. 57~82.

박주홍(2009), **국제경영전략**, 삼영사.

박주홍(2012), **글로벌전략**, 유원북스.

박주홍(2013), **글로벌마케팅**, 제2판, 유원북스.

박주홍(2016), **글로벌혁신경영**, 유원북스.

박주홍(2017), **글로벌 윤리경영**, 삼영사.

박주홍(2018), **글로벌경영**, 제2판, 유원북스.

박창규(2010), **알기쉬운 기술경영**, 신론사.

반병길/이인세(2008), **글로벌마케팅**, 박영사.

신용하(2014), **기술경영론**, 도서출판 남양문화.

안영진(2018), **변화와 혁신**, 제4판, 박영사.

옥필훈(2006), "경제범죄의 실태에 관한 연구 - 회사범죄, 지적재산권범죄, 산업스파이범죄를 중심으로-," **형사정책**, 제18권, 제2호, pp. 349~373.

이경렬(2010), "산업스파이의 신종유형과 형사정책적 대응방안," **형사정책**, 제22집, 제2호, pp. 75~102.

이영덕/조석홍(2013), **기술경영**, 도서출판 두남.

이장로(2003), **국제마케팅**, 제4판, 무역경영사.

이종옥/이규현/정선양/조상복/윤진효(2005), **R&D 관리**, 경문사.

임영모/박성배/최병삼(2004), **핵심기술 해외유출의 실태와 대책**, 삼성경제연구소.

전승표/최대헌/박현우/서봉군/박도형(2017), "기술가치 평가를 위한 기술사업 화 기간 및 비용 추정체계 개발," **지능정보연구**, 제23집, 제2호, pp. 139~ 160.

전용욱 외(2003), **국제경영**, 문영사.

정선양(2016), **전략적 기술경영**, 제4판, 박영사.

조동성(1997), **21세기를 위한 국제경영**, 경문사.

조현대(1997), **기술추격국의 기술획득과 전략적 제휴: 모형개발과 사례분석**, 과학기술정책연구원.

주성빈(2011), "산업스파이 범죄에 대한 경찰의 대응방안," **법정리뷰**, 제28집, 제1호, pp. 161~179.

최석신 외 역, Keegan, W. J./Green, M. C. 저(2011), **글로벌 마케팅(Global Marketing)**, 제6판, 시그마프레스.

하경효(2000), "영업상 비밀과 직업선택의 자유 – 인력스카웃에 따른 법률 문제 II," **월간 경영계**, 제270권, pp. 53~57

한희영(1985), "해외투자와 국제마아케팅: 다국적마아케팅론의 기반을 위하 여," **경상논총**, 제3호, 한독경상학회, pp. 1~64.

Albers, S./Gassmann, O.(Ed., 2005), *Handbuch Technologie- und Innovations-management*, Wiesbaden.

Allesch, J./Brodde, D.(Ed., 1986), *Praxis des Innovationsmanagements – Planung, Durchführung und Kontrolle technischer Neuerungen in mittelständischen Unternehmen*, Berlin.

Allesch, J./Klasmann, G.(1989), *PRIMA – Produktinnovationsmanagement in technologieintensiven kleinen und mittleren Unternehmen*, Köln.

Allesch, J./Poppenheger, B.(1986), "Betriebliches Innovations-Management in dynamischen Umwelten," Allesch, J./Brodde, D.(Ed., 1986), *Praxis des Innovationsmanagements – Planung, Durchführung und Kontrolle technischer Neuerungen in mittelständischen Unternehmen*, Berlin, pp. 11~26.

Ansoff, H. I.(1984), *Implanting Strategic Management*, Englewood Cliffs, New Jersey.

Asakawa, K.(2001), "Evolving Headquarters-Subsidiary Dynamics in International R&D: The Case of Japanese Multinationals," *R&D Management*, Vol. 31, Iss. 1, pp. 1~14.

Ball, D. A. et al.(2004), *International Business, The Challenge of Global Competition*, 9th Edition, Boston et al.

Bartlett, C. A.(1986), "Building and Managing the Transnational: The New Organizational Challenge," Porter, M. E.(Ed., 1986), *Competition in Global Industries*, Boston, pp. 367ff.

Bayus, B. L.(Ed., 2011), *Wiley International Encyclopedia of Marketing: Product Innovation & Management 5*, West Sussex.

Bea, F. X./Dichtl, E./Schweitzer, M.(Ed., 1994a), *Allgemeine Betriebswirtschaftslehre*, Band 2, Stuttgart/Jena.

Bea, F.X./Dichtl, E./Schweitzer, M.(Ed., 1994b), *Allgemeine Betriebswirtschaftslehre*, Band 3, Stuttgart/Jena.

Behrens, G.(1983), "Innovation; Innovationsforschung," *Marketing. Zeitschrift für Forschung und Praxis*, Heft 1, pp. 47~52.

Bennett, D./Zhao, H.(2004), "International Technology Transfer: Perceptions and Reality," *Journal of Manufacturing Technology Management*,

Vol. 15, No. 5, pp. 410~415.

Bleicher, F.(1990), *Effiziente Forschung und Entwicklung*, Wiesbaden.

Blohm, H./Lüder, K.(1988), *Investition*, München.

Brockhoff, K.(1987), "Wettbewerbsfähigkeit und Innovation," Dichtl, E./Gerke, W./Kieser, A.(Ed., 1987), *Innovation und Wettbewerbsfähigkeit*, Wiesbaden, pp. 53~74.

Brockhoff, K.(1994), *Forschung und Entwicklung - Planung und Kontrolle*, 4. Auflage, München/Wien.

Brommer, U.(1990), *Innovation und Kreativität im Unternehmen; Erfolg durch neues Denken*, Stuttgart.

Brose, P.(1982), *Planung, Bewertung und Kontrolle technologischer Innovationen*, Berlin.

Bühner, R.(1992), *Betriebswirtschaftliche Organisationslehre*, 6. Auflage, München/Wien.

Bullinger, H.-J./Renz, K.-C.(2005), "Forschungs- und Entwicklungsstrategien," Albers, S./Gassmann, O.(Ed., 2005), *Handbuch Technologie- und Innovationsmanagement*, Wiesbaden, pp. 83~100.

Bungard, W./Dorr, J./Lezius, W./Oess, A.(Ed., 1991), *Menschen machen Qualität; Deutsch/Deutscher Dialog*, Ludwigshafen.

Buntenbeck, D. F.(1991), "Einführung von Qualitätszirkeln," Bungard, W./Dorr, J./Lezius, W./Oess, A.(Ed., 1991), *Menschen machen Qualität; Deutsch/Deutscher Dialog*, Ludwigshafen, pp. 75~87.

Busse von Colbe, W./Laßmann, G.(1986), *Betriebswirtschaftslehre*, Band 1, 3. Auflage, Berlin et al.

Busse von Colbe, W./Laßmann, G.(1990), *Betriebswirtschaftstheorie;*

Investitionstheorie, Band 3, 3. Auflage, Heidelberg et al.

Chung, H.(Ed. 2003), *Theory and Practice of Technology Commercialization*, Korea Institute of Science and Technology Information, Daejeon.

Cohen, W. M.(2002), *Patents: The Effectiveness and Role*, Carnegie Mellon University & National Bureau of Economic Research.

Collins, D. J./Montgomery, C. A.(1999), "Creating Corporate Advantage," *Harvard Business Review on Corporate Strategy*, pp. 1~32.

Cooper, R.(2011), "Stage-Gate Idea to Launch System," Bayus, B. L.(Ed., 2011), *Wiley International Encyclopedia of Marketing: Product Innovation & Management 5*, West Sussex.

Cooper, R./Kleinschmidt, E. J.(1991), "New Product Processes at leading Industrial Firms," *Industrial-Marketing Management*, Vol. 20, No. 2, pp. 137~148.

Corsten, H.(1990), *Produktionswirtschaft*, München.

Czinkota, M. R. et al.(2005), *International Business*, 7th Edition, Mason.

Czinkota, M. R./Ronkainen, I. A.(1995), *International Marketing*, 4th Edition, Fort Worth et al.

David, F. R.(1989), *Concepts in Strategic Management*, 2nd Edition, Columbus et al.

Deppe, J.(1986), *Qualitätszirkel – Ideenmanagement durch Gruppenarbeit*, Bern et al.

Dichtl, E./Gerke, W./Kieser, A.(Ed., 1987), *Innovation und Wettbewerbsfähigkeit*, Wiesbaden.

Diller, H./Lücking, J.(1993), "Die Resonanz der Erfolgsfaktorenforschung beim Management von Großunternehmen," *Zeitschrift für Betriebs-*

wirtschaftslehre, 63. Jahrgang, Heft 12, pp. 1229~1249.

Domsch, M.(1985), "Qualitätszirkel – Baustein einer mitarbeiterorientierten Führung und Zusammenarbeit," *Schmalenbachs Zeitschrift für betriebswirtschaftliche Forschung*, 5/1985, pp. 428~441.

Domsch, M./Jochum, E.(Ed., 1984), *Personal-Management in der industriellen Forschung und Entwicklung*, Köln et al.

Domsch, M./Sabisch, H./Siemers, S. H. A.(Ed., 1993), *F&E-Management*, Stuttgart.

Dosi, G.(1982), "Technological Paradigms and Technological Trajectories: A Suggested Interpretation of the Determinants and Directions of Technical Change," *Research Policy*, Vol. 11, pp. 147~162.

Dugal, S. S./Roy, M. H.(1994), "The Link between R&D Intensity and Competitive Positioning under Different Technological Environments," *Journal of Strategic Marketing*, Vol. 3, pp. 293~304.

Dugal, S. S./Schroeder, J. E.(1995), "Strategic Positioning for Market Entry in Different Technological Environments," *Journal of Marketing – Theory and Practice*, Summer, pp. 31~45.

Dyckhoff, H.(1992), *Betriebliche Produktion, Theoretische Grundlagen einer umweltorientierten Produktionswirtschaft*, Heidelberg.

Ford, D./Ryan, C.(1983), "Die Vermarktung von Technologien," Harvard Manager(Ed., 1983), *Marketing*, Band 1, Hamburg, pp. 157~165.

Franke, N./von Braun, C.-F.(Ed., 1998), *Innovationsforschung und Technologiemanagement*, Berlin/Heidelnerg,

Freeman, C.(1982), *The Economics of Industrial Innovation*, The MIT Press.

Frese, E.(1984), *Grundlagen der Organisation*, 2. Auflage, Wiesbaden.

Gassmann, O./von Zedtwitz, M.(1999), "New Concepts and Trends in International R&D Organization," *Research Policy*, Vol. 28, pp. 231~250.

Gelbmann, U./Vorbach, S.(2003), "Strategisches Innovations- und Technologiemanagement," Strebel, H.(Ed., 2003), *Innovations- und Technologiemanagement*, Wien, pp. 93~209.

Gerpott, T. J.(1990), "Globales F&E-Management – Bausteine eines Gesamtkonzeptes zur Gestaltung einer weltweiten F&E-Organisation," *Die Unternehmung*, 44. Jahrgang, Nr. 4, pp. 226~246.

Gerpott, T. J.(1999), *Strategisches Technologie- und Innovationsmanagement*, Stuttgart.

Gerpott, T. J.(2005), *Strategisches Technologie- und Innovationsmanagement*, Stuttgart.

Gerpott, T. J./Meier, H.(1990), "F+E: Der Sprung über nationale Grenzen," *Harvard Manager*, 2/1990, pp. 59~66.

Gerwin, D.(1994), "Die Fertigung engagiert sich in der Produktentwicklung," *Harvard Business Manager*, 2/1994, pp. 58~66.

Gerybadze, A.(2004), *Technologie- und Innovationsmanagement; Strategie, Organisation und Implementierung*, München.

Geschka, H.(1983), "Creativity Techniques in Product Planning and Development; A View from West Germany," *R&D Management*, 3/1983, pp. 169~183.

Glembocki, S.(1977), *The Expectations of Enterprises and Methods of Payment for Technology*, UNIDO, ID/WG, 228/4.

Griffin R. W./Pustay, M. W.(2007), *International Business*, 5th Edition,

Upper Saddle River, New Jersey.

Groth, U./Kammel, A.(1994), *Lean Management*, Wiesbaden.

Häfelfinger, K.(1990), "Intrapreneurship; Innovationskraft steigern," *io Management Zeitschrift*, Nr. 12, pp. 31~34.

Hahn, O.(1994), *Allgemeine Betriebswirtschaftslehre*, 2. Auflage, München.

Harvard Manager(Ed., 1983), *Marketing*, Band 1, Hamburg.

Hauschildt, J.(1993), *Innovationsmanagement*, München.

Hauser, T.(1991), *Intuition und Innovationen – Bedeutung für das Innovationsmanagement*, Wiesbaden.

Häußer, E.(1981), "Mehr Innovation durch bessere Information," *Ifo-Studien*, pp. 339~357.

Hentze, J./Brose, P./Kammel, A.(1993), *Unternehmungsplanung*, 2. Auflage, Bern/Stuttgart/Wien.

Herstatt, C./Lüthje, C.(2005), "Quellen für Neuproduktideen," Albers, S./Gassmann, O.(Ed., 2005), *Handbuch Technologie- und Innovationsmanagement*, Wiesbaden, pp. 265−284.

Herzhoff, S.(1991), *Innovations-Management – Gestaltung von Prozessen und Systemen zur Entwicklung und Verbesserung der Innovationsfähigkeit von Unternehmungen*, Köln.

Hesse, U.(1990), *Technologie-Controlling – Eine Konzeption zur Steuerung technologischer Innovationen*, Frankfurt am Main et al.

Heyde, W. et al.(1991), *Innovationen in Industrieunternehmen – Prozesse, Entscheidungen und Methoden*, Wiesbaden.

Hill, W./Rieser, I.(1993), *Marketing-Management*, 2. Auflage, Bern/Stuttgart/Wien.

Hodgetts, R. M./Luthans, F.(2000), *International Management*, 4th Ed., McGraw-Hill.

Holt, K.(1988), *Product Innovation Management*, London et al.

Hopfenbeck, W.(1991), *Allgemeine Betriebswirtschafts- und Managementlehre*, 4. Auflage, Landsberg/Lech.

Horváth, P.(1988), "Grundprobleme der Wirtschaftlichkeitsanalyse beim Einsatz neuer Informations- und Produktionstechnologien," Horváth, P.(1988), *Wirtschaftlichkeit neuer Produktions- und Informationstechnologien*, Stuttgart, pp. 1∼14.

Horváth, P.(Ed., 1988), *Wirtschaftlichkeit neuer Produktions- und Informations-technologien*, Stuttgart.

Horváth, P.(Ed., 1993), *Target Costing*, Stuttgart.

Horváth, P./Niemand, S./Wolbold, M.(1993), "Target Costing - State of the Art," Horváth, P.(Ed., 1993), *Target Costing*, Stuttgart, pp. 1∼27.

Jolly, V. K.(1997), *Commercializing New Technologies: Getting from Mind to Market*, Harvard Business School Press.

Kahle, T.(2000), *Management of Technology: The Key to Competitiveness and Wealth Creation*, New York.

Kanter, R. M.(1984), "Innovation - The Only Hope for Times Ahead?" *Sloan Management Review*, Summer 1984, pp. 51∼55.

Keegan, W. J.(2002), *Global Marketing Management*, 7th Edition, Upper Saddle River, New Jersey.

Kern, W.(Ed., 1979), *Handwörterbuch der Produktionswirtschaft*, Stuttgart.

Kern, W./Schröder, H.-H.(1977), *Forschung und Entwicklung in der Unternehmung*, Reinbek.

Kieser, A.(1984), "Organisation der industriellen Forschung und Entwicklung," Domsch, M./Jochum, E.(Ed., 1984), *Personal-Management in der industriellen Forschung und Entwicklung*, Köln et al., pp. 48~68.

Kieser, A./Kubicek, H.(1992), *Organisation*, 3. Auflage, Berlin/New York.

Kline, S. J./Rosenberg, N.(1986), "An Overview of Innovation," Landau, R./Rosenberg, N.(Ed., 1986), *The Positive Sum Strategy*, Washington D.C., pp. 275~305.

Kneerich, O.(1995), *F&E: Abstimmung von Strategie und Organisation*, Berlin.

Kokubu, A.(2001) "Technology Commercialization in International Technology Transfer," Chung, H.(Ed. 2003), *Theory and Practice of Technology Commercialization*, Korea Institute of Science and Technology Information, Daejeon.

Kotabe, M./Helsen, K.(2011), *Global Marketing Management*, 5th Edition, Hoboken, New Jersey.

Kotler, P.(1986), *Principles of Marketing*, 3rd Edition, Englewood Cliffs, New Jersey.

Kotler, P./Bliemel, F.(1992), *Marketing-Management*, 7. Auflage, Stuttgart.

Krubasik, E. G.(1982), "Technologie – strategische Waffe," *Wirtschaftswoche*, Nr. 25, pp. 28–33.

Landau, R./Rosenberg, N.(Ed., 1986), *The Positive Sum Strategy*, Washington D.C.

Lang, P.(1990), "Technologieorientierung in strategischen Management," Tschirky, H./Hess, W./Lang, P.(Ed., 1990), *Technologie-Management*, Zürich, pp. 31~70.

Litke, H.-D.(1993), *Projektmanagement – Methoden, Techniken, Verhaltensweisen*, München/Wien.

Little, A. D.(Ed., 1985), *Management im Zeitalter der Strategischen Führung*, Wiesbaden.

Lorenz, G.(1985), "Größere Flexibilität durch Innovation," *Schmalenbachs Zeitschrift für betriebswirtschaftliche Forschung*, 2/1985, pp. 138~143.

Macharzina, K.(1993), *Unternehmensführung; das internationale Managementwissen; Konzepte – Methoden – Praxis*, Wiesbaden.

Miller, W. L./Morris, L.(1999), *Fourth Generation*, Hoboken, New Jersey.

Nelson, R. R./Winter, S.(1982), *An Evolutionary Theory of Economic Change*, Cambridge, Mass.

Nieder, P./Zimmermann, E.(1992), "Innovationshemmnisse in Unternehmen," *Betriebswirtschaftliche Forschung und Praxis*, 4/1992, pp. 374~387.

Nieschlag, R./Dichtl, E./Hörschgen, H.(1988), *Marketing*, 15. Auflage, Berlin.

Nieß, P. S.(1979), "Fertigungssysteme, flexible," Kern, W.(Ed., 1979), *Handwörterbuch der Produktionswirtschaft*, Stuttgart, pp. 595~604.

Nütten, I./Sauermann, P.(1988), *Die Anonymen Kreativen – Instrumente einer Innovationsorientierten Unternehmenskultur*, Frankfurt am Main.

Olschowy, W.(1990), *Externe Einflußfaktoren im strategischen Innovationsmanagement – Auswirkungen externer Einflußgrößen auf den wirtschaftlichen Innovationserfolg sowie die unternehmerischen Anpassungsmaßnahmen*, Berlin.

Osborn, A. E.(1966), *Applied Imagination – Principles and Procedures of Creative Problem Solving*, 3. Edition, New York.

Park, J.-H.(1996), *Vergleich des Innovationsmanagements deutscher, japanischer und koreanischer Unternehmen – Eine empirische Untersuchung am Beispiel der chemischen Industrie*, Dissertation, Universität Mannheim.

Perlitz Strategy Group(2009a), *Data Analysis by PSG-StrategyPilot*, Demo Version.

Perlitz Strategy Group(2009b), *IT-based Strategy Development using the PSG-StrategyPilot*, Unpublished Material, Mannheim.

Perlitz, M. et al.(1995), "Unternehmen der Zukunft," *EU Magazin*, 4/1995, pp. 26~27.

Perlitz, M.(1985), "Innovationsmanagement; Die Krise üben," *Wirtschaftswoche*, Nr. 50, pp. 94~101.

Perlitz, M.(1988), "Wettbewerbsvorteile durch Innovation," Simon, H.(Ed., 1988), *Wettbewerbsvorteile und Wettbewerbsfähigkeit*, Stuttgart, pp. 47~65.

Perlitz, M.(1993), "Why Most Strategies Fail Today; The Need for Strategy Innovations," *European Management Journal*, Vol. 11, No. 1, pp. 114~121.

Perlitz, M.(2004), *Internationales Management*, 5. Auflage, Stuttgart.

Perlitz, M./Löbler, H.(1985), "Brauchen Unternehmen zum Innovieren Krisen?" *Zeitschrift für Betriebswirtschaftslehre*, 55 Jahrgang, pp. 424~450.

Perlitz, M./Löbler, H.(1989), *Das Innovationsverhalten in der mittelständischen Industrie – Das Risk/Return Paradoxon*, Stuttgart.

Pfeiffer, W. et al.(1991), *Technologie-Portfolio zum Management strategischer Zukunftsgeschäftsfelder*, Göttingen.

Pfeiffer, W./Dögl, R./Schneider, W.(1986), "Technologie-Portfolio-Management,"

Staudt, E.(Ed., 1986), *Das Management von Innovationen*, Frankfurt, pp. 107~124.

Pfeiffer, W./Dögl, R./Schneider, W.(1989), "Das Technologie-Portfolio-Konzept als Tool zur strategischen Vorsteuerung von Innovationsaktivitäten," *WISU*, 18 Jahrgang, pp. 486~491.

Pisano, G. P./Wheelwright, S. C.(1995), "The New Logic of High-Tech R&D," *Harvard Business Review*, 9/10 1995, pp. 93~105.

Pleschak, F.(1993), "Betriebswirtschaftliche Aufgaben bei der Vorbereitung von Prozeßinnovationen," Domsch, M./Sabisch, H./Siemers, S. H. A. (Ed., 1993), *F&E-Management*, Stuttgart, pp. 33~48.

Pleschak, F./Sabisch, H.(1996), *Innovationsmanagement*, Stuttgart.

Porter, M. E.(1980), *Competitive Strategy: Techniques for Analyzing Industries and Competitors*, The Free Press.

Porter, M. E.(1986), *Wettbewerbsstrategie*, Frankfurt am Main.

Porter, M. E.(Ed., 1986), *Competition in Global Industries*, Boston.

Reddy, P.(2011), *Global Innovation in Emerging Economics*, New York.

Ritter, T.(2005), "Innovationszetzwerken," Albers, S./Gassmann, O.(Ed., 2005), *Handbuch Technologie- und Innovationsmanagement*, Wiesbaden, pp. 623~639.

Rosegger, G.(1993), *The Economics of Production and Innovation: An Industrial Perspective*, 3rd Edition, Oxford.

Roy, M. H./Dugal, S. S.(1999), "The Effect of Technological Environment and Competitive Strategy on Licensing Decisions," *American Business Review*, June, pp. 112~118.

Sakurai, M.(1989), "Target Costing and How to use it," *Journal of Cost*

Management, 3/1989, pp. 39~50.

Schanz, G.(1972), *Forschung und Entwicklung in der elektrotechnischen Industrie*, Mindelheim.

Schertler, W.(1993), *Unternehmensorganisation*, München/Wien.

Scheuch, F./Holzmüller, H.(1983), "Innovation und Produktpolitik," *Wirtschaftswissenschaftliches Studium*, 5/1983, pp. 225-230.

Schierenbeck, H.(1993), *Grundzüge der Betriebswirtschaftslehre*, 11. Auflage, München.

Schlicksupp, H.(1977), *Kreative Ideenfindung in der Unternehmung - Methoden und Modelle*, Berlin/New York.

Schlicksupp, H.(1983), "Innovation im Unternehmen; Den Machtschub an Ideen sichern," Wuppertaler Kreis(Ed., 1983), *Innovationsmanagement in Mittelbetrieben*, Köln, pp. 51~87.

Schmookler, J.(1966), *Invention and Economic Growth*, Harvard University Press.

Schröder, H.-H.(1980), "Fehler bei der Vorhersage der Aufwendungen für Forschungs- und Entwicklungs-(F&E-) Vorhaben - Ein Erklärungsversuch," *Schmalenbachs Zeitschrift für betriebswirtschaftliche Forschung*, Jahrgang 32, pp. 646~668.

Schumpeter, J. A.(1943), *Capitalism, Socialism and Democracy*, London.

Schumpeter, J. A.(1952), *Theorie der wirtschaftlichen Entwicklung*, 5. Auflage, Berlin.

Servatius, H.-G.(1985), *Methodik des strategischen Technologie-Managements, Grundlage für erfolgreiche Innovationen*, Berlin.

Simon, H.(Ed., 1988), *Wettbewerbsvorteile und Wettbewerbsfähigkeit*, Stuttgart.

Solomon, M. R./Stuart, E. W.(2003), *Marketing – Real People, Real Choice*, 3rd Edition, Upper Saddle River, New Jersey.

Sommerlatte, T./Deschamps, J.-P.(1985), "Der strategische Einsatz von Technologien – Konzepte und Methoden zur Einbeziehung von Technologien in die Strategieentwicklung des Unternehmens," Little, A. D.(Ed., 1985), *Management im Zeitalter der Strategischen Führung*, Wiesbaden, pp. 39~76.

Specht, G.(1986), "Grundprobleme eines strategischen markt- und technologie-orientierten Innovationsmanagements," *Wirtschaftswissenschaftliches Studium*, 12/1986, pp. 609~613.

Specht, G./Michel, K.(1988), "Integrierte Technologie- und Marktplanung mit Innovationsportfolios," *Zeitschrift für Betriebswirtschaftslehre*, 58. Jahrgang, pp. 502~520.

Spremann, K.(1991), *Investition und Finanzierung*, 4. Auflage, München/Wien.

Staudt, E. et al.(1990), "Anreizsystem als Instrument des betrieblichen Innovationsmanagements; Ergebnisse einer empirischen Untersuchung im F+E-Bereich," *Zeitschrift für Betriebswirtschaftslehre*, 60. Jahrgang, pp. 1183~1204.

Staudt, E.(Ed., 1986), *Das Management von Innovationen*, Frankfurt.

Steinbuch, P. A./Olfert, K.(1987), *Fertigungswirtschaft*, 3. Auflage, Ludwigshafen/Rhein.

Steiner, G.(2003), "Kreativitätsmanagement: Durch Kreativität zur Innovation," Strebel, H.(Ed., 2003), *Innovations- und Technologiemanagement*, Wien, pp. 265~323.

Strebel, H.(1990), "Innovation und Innovationsmanagement als Gegenstand der Betriebswirtschaftslehre," *Betriebswirtschaftliche Forschung und Praxis*, 2/1990, pp. 161~173.

Strebel, H.(Ed., 2003), *Innovations- und Technologiemanagement*, Wien.

Strebel, H./Hasler, A.(2003), "Innovations- und Technologienetzwerke," Strebel, H.(Ed., 2003), *Innovations- und Technologiemanagement*, Wien, pp. 347~381.

Terpstra, V./Sarathy, R.(1994), *International Marketing*, 6th Edition, New York.

Thom, N.(1980), *Grundlage des betrieblichen Innovationsmanagements*, 2. Auflage, Königstein.

Thom, N.(1983), "Innovations-Management – Herausforderungen für den Organisator," *Zeitschrift für Führung und Organisation*, 1/1983, pp. 4~11.

Traeger, D. H.(1994), *Grundgedanken der Lean Production*, Stuttgart.

Trommsdorff, V.(Ed., 1990), *Innovationsmanagement in kleinen und mittleren Unternehmen*, München.

Trommsdorff, V./Brodde, D./Schneider, P.(1987), *Modellversuch Innovations-management für Kleine und Mittlere Betriebe*, Technische Universität Berlin, Berlin.

Trommsdorff, V./Reeb, M./Riedel, F.(1991), "Produktinnovationsmanagement," *Wirtschaftswissenschaftliches Studium*, 11/1991, pp. 566~572.

Trommsdorff, V./Schneider, P.(1990), "Grundzüge des betrieblichen Innovationsmanagement," Trommsdorff, V.(Ed., 1990), *Innovationsmanagement in kleinen und mittleren Unternehmen*, München, pp. 1~25.

Trott, P.(2012), *Innovation Management and New Product Development*, 5th

Edition, Gosport, Hampshire.

Tschirky, H./Hess, W./Lang, P.(Ed., 1990), *Technologie-Management*, Zürich.

Ulrich, P./Fluri, E.(1992), *Management*, 6. Auflage, Bern/Stuttgart.

Urban, C.(1993), *Das Vorschlagswesen und seine Weiterentwicklung zum europäischen KAIZEN － Das Vorgesetztenmodell －, Hintergründe zu aktuellen Veränderungen im Betrieblichen Vorschlagswesen*, Konstanz.

Utterback, J. M./Abernathy, W. J.(1975), "A Dynamic Model of Process and Product Innovation," *Omega, The International Journal of Management Science*, Vol. 3, No. 6, pp. 639~656.

Vahs, D./Burmester, R.(2005), *Innovationsmanagement, Von der Produktidee zur erfolgreichen Vermarktung*, 3. Auflage, Stuttgart.

Verlag Vahlen(Ed., 1984), *Kompendium der Betriebswirtschaftslehre*, Band 2, München.

von Behmer, A.(1998), "Internationalisierung industrieller Forschung und Entwicklung," Franke, N./von Braun, C.-F.(Ed., 1998), *Innovationsforschung und Technologiemanagement*, Berlin/Heidelnerg, pp. 107~113.

Vrakking, W. J.(1990), "The Innovative Organization," *Long Range Planning*, Vol. 23, No. 2, pp. 94~102.

Weihrich, H.(1982), "The TOWS Matrix: A Tool for Situational Analysis," *Long Range Planning*, April.

Welge, M. K./Al-Laham, A.(1992), *Planung, Prozesse － Strategien － Maßnahmen*, Wiesbaden.

Wolfrum, B.(1992), "Technologiestrategien im strategischen Management," *Marketing. Zeitschrift für Forschung und Praxis*, Heft 1, pp. 23~36.

Wuppertaler Kreis(Ed., 1983), *Innovationsmanagement in Mittelbetrieben*,

Köln.

Zahn, E.(1986), "Innovations- und Technologiemanagement – Eine strategische Schlüsselaufgabe der Unternehmen," Zahn, E.(Ed., 1986), *Technologie- und Innovationsmanagement*, Berlin, pp. 9~48.

Zahn, E.(Ed., 1986), *Technologie- und Innovationsmanagement*, Berlin.

http://www.samsung.co.kr/samsung/philosophy/idea.do.

http://www.wipo.int/about-ip/en/.

영문색인

국문색인

저자 약력

박 주 홍(朴 珠 洪)

계명대학교 경영학과(부전공: 독어독문학) 졸업(경영학사)
계명대학교 대학원 경영학과 졸업(경영학석사)
독일 슈투트가르트(Stuttgart) 대학교 경영학과 수학
독일 호헨하임(Hohenheim) 대학교 대학원 국제경영학과 박사과정 수학
독일 만하임(Mannheim) 대학교 대학원 국제경영학과 졸업(경영학박사)

독일 바덴-뷰르템베르크(Baden-Württemberg)주 학예부 박사학위지원 장학금 수상
독일 학술교류처(DAAD) 연구지원 장학금 수상
BMW 학술상 수상, 2001
계명대학교 업적우수상 수상, 2017
남서울대학교 경영학과 조교수 및 경영연구센터 소장 역임
독일 만하임(Mannheim) 대학교 국제경영학과 방문교수 역임
계명대학교 경영대학 부학장, 경영학부장, 계명카리타스봉사센터장, 취업지원처장,
학생복지취업처장, 계명테크노파크사업단장, 대구테크노파크 계명대학교센터장 역임
한국자동차산업학회 이사, 한독사회과학회 이사 역임
현재 계명대학교 경영학전공(국제경영) 교수(juhong@kmu.ac.kr)
　　　독일 Perlitz Strategy Group(경영컨설팅사) 아시아지역 학술고문(www.perlitz.com)
　　　한국질서경제학회 부회장, 한국국제경영학회 상임이사, 한독경상학회 이사

주요 논문, 저서 및 역서

글로벌마케팅, 제3판, 유원북스(2021)
자동차 마케팅전략, 박영사(2021)
글로벌전략, 제2판, 유원북스(2020)
혁신경영 - 신제품 개발과 기술혁신 -, 박영사(2020)
비즈니스협상 - 기능영역별 협상과 글로벌 비즈니스협상의 이슈 -, 박영사(2019)
글로벌경영, 제2판, 유원북스(2018)
글로벌 윤리경영, 삼영사(2017)
경영컨설팅의 이해, 박영사(2017)
글로벌혁신경영, 유원북스(2016)
글로벌 인적자원관리, 유원북스(2016)
글로벌마케팅, 제2판, 유원북스(2013)
글로벌전략, 유원북스(2012)
글로벌경영, 유원북스(2012), 집현재(2011)
글로벌마케팅, 박영사(2010)
국제경영전략, 삼영사(2009)
국제경쟁력강화를 위한 전사적 혁신경영, 삼영사(2007)
국제경영(역서, Manfred Perlitz 저), 형설출판사(2003) 외 4권의 저서
"전기차의 제품마케팅 소구점에 대한 가중치 분석: 대구지역 Mercedes-Benz 딜러의 관점을 중심으로"(2022)
"The Competitiveness of Korean and Chinese Textile Industry: The Diamond Model Approach"(2010, 공동연구) 외 50여 편의 논문

혁신경영 -신제품 개발과 통합적 기술관리-

초판발행	2020년 2월 28일
중판발행	2023년 1월 15일
지은이	박주홍
펴낸이	안종만 · 안상준
편 집	전채린
기획/마케팅	장규식
표지디자인	박현정
제 작	고철민 · 조영환
펴낸곳	(주) 박영사
	서울특별시 금천구 가산디지털2로 53, 210호(가산동, 한라시그마밸리)
	등록 1959. 3. 11. 제300-1959-1호(倫)
전 화	02)733-6771
f a x	02)736-4818
e-mail	pys@pybook.co.kr
homepage	www.pybook.co.kr
ISBN	979-11-303-0863-0 93320

정 가   32,000원